하수도 공사 · 지맥

박화성 / 최정희 / 손소희

그 날의 햇빛은 / 갈가마귀 그 소리

SR&B(새로본닷컴)

심사정의 〈화경산로도〉

〈베스트 논술 한국대표문학(전60권)〉을 펴내며

　어린 시절의 독서는 평생의 이성과 열정을 보장해 줄 에너지의 탱크를 채우는 일입니다. 인생의 지표를 세울 수 있는 가장 믿을 만한 방법이기도 합니다.

　새로 접하는 사물의 이치를 터득하려면 그 정보를 대뇌 속에 담는 프로그램이 마련되어 있어야 합니다. 그 프로그램을 구축하는 가장 효과적인 방법이 지속적인 독서입니다. 독서는 책과 나의 쌍방향적인 대화이며 만남이며 스킨십입니다.

　그러나 단순한 독서만으로는 생각하는 힘과 정확히 표현하는 힘을 키울 수 없습니다. 〈베스트 논술 한국대표문학〉은 이에 유의하여 다음과 같이 편찬하였습니다.

① 초·중·고 교과서에 실린 고전 및 현대 문학 작품부터 〈삼국유사〉, 〈난중일기〉, 〈목민심서〉 등 우리의 정신을 일깨워 주고 우리에게 지혜와 용기를 준 '위대한 한국 고전'에 이르기까지 한 권 한 권을 가려 뽑았습니다.

② 각 권의 내용과 특성을 분석하여, '작가와 작품 스터디', '논술 가이드' 등을 덧붙여 생각하는 힘, 표현하는 힘을 키울 수 있도록 각 분야의 권위 학자, 논술 전문가들이 심혈을 기울였습니다.

③ 특히 현대 문학 부문은 최근 학계에서, 이 때까지의 오류를 바로잡아 정확한 텍스트를 확정한 것을 반영하였고, 고전 부문은 쉽고 아름다운 현대 국어로 재현하였습니다.

④ 각 작품에 관련된 작가의 고향을 비롯한 작품의 배경, 작품의 참고 자료 등을 일일이 답사 촬영하거나 수집·정리하여 화보로 꾸몄고, 각 작품의 갈피갈피마다 아름다운 그림을 넣어, 작품에 좀더 친근감 있게 접근할 수 있도록 하였습니다.

　이 〈베스트 논술 한국대표문학〉이 여러분이 '큰 사람', '슬기로운 사람'이 되는 데 충실한 밑거름이 되기를 바랍니다.

〈베스트 논술 한국대표문학〉 편찬위원회

박화성

집필하는 박화성

꽃다발을 받는 박화성

문인들과 함께한
최정희

황순원과
함께한 최정희

최정희와 김동리

문인들로 구성된 극단에서 공연하는 최정희(왼쪽)

출판 기념회에 참석한 최정희
(앞줄 오른쪽 두번째)

유진오와 함께한 최정희

경주 석굴암 앞에서의 최정희

김동리, 손소희 부부와 제자들

김동리와 손소희 부부

문인들 모임에서의 손소희(왼쪽에서 네 번째)

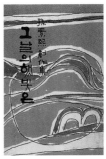

〈그 날의 햇빛은〉의 표지

차례

박화성

하수도 공사

하수도 공사

격분된 삼백 명의 노동자들은 중정 대리를 끌고 경찰서에 쇄도하였다.

보안계, 위생계의 넓은 사무실 안에 있는 사람이란 사람은 급사들까지 모조리 나와서 눈들을 둥그레 가지고 마당에 겹겹이 들어서서 살기가 등등하여 날뛰는 군중을 둘러본다.

"자, 서장에게 면회시켜 주시오."

"중정 대리란 놈을 끌고 들어가자."

낭하*로 우르르 몰려 들어가는 군중을 밖에 섰던 자들이 두 손을 벌리고 막는다. 사법계실에서도 뛰어나오고, 고등계 주임까지 층계에서 굴러 내려오는 듯이 뚱그적이고 내려왔다.

서장은 체면을 유지하느라고 나오지는 않으나 서장실에서 섰다 앉았다 하며 좌우를 시켜서 무슨 일인가를 알아 오라고 하였다.

＊ 낭하(廊下) 복도.

보안계 주임의 뚱뚱한 얼굴이 나타났다. 금테 안경 너머로 마당에 빡빡하게 박혀 선 군중을 둘러보며,

"무슨 일이 있으면 조용히 말해라! 시끄럽게 하면 안 된다."

하고 위엄을 내어 말했다.

"조용히 할 말이 못 되오. 두말 말고 서장에게 면회시켜 주시오!"

경찰서가 떠나갈 듯이 삼백 명의 소리는 외쳤다.

"서장에게 면회시켜라!"

"서장 나오라!"

고등계 주임과 형사들이 한편에서 수군수군하더니 보안계 주임을 불러 가지고 다시 머리를 맞대고 수군거린다.

"당신들 의논은 나중에 하고 어서 우리들 청이나 들어 줘요!"

한쪽에서 주먹들이 높직이 오르내리며 또 소리친다. 보안계 주임이 이쪽으로 오더니,

"그러면 대표를 내라. 이따위로 떠들어선 서장께 면회시키지 않는다."

하며 눈망울을 불량하게 굴려 군중을 좌우로 훑어본다.

"자, 그럼 대표를 내세우자."

군중은 흩어져 무더기 무더기로 둘러선다.

"장덕삼이 자네 하소."

"김병수, 이재표."

소리가 끝나지 않아 키가 호리호리한 사법계 주임이 점잖게 걸어와서 손가락으로 이 사람 저 사람 가리키며 대표를 뽑기에 신이 나서 소리치는 장덕삼의 어깨를 두 손가락으로 톡톡 쳤다.

"여보, 대표를 네 사람만 뽑으시오. 너무 많아도 재미없으니……"

말소리가 부드럽고 조용하다.

"서동권이 뽑게."

"서동권이가 빠져서 되겠는가!"

각 다른 음성이 여기저기서 났다.

"자 그럼, 네 사람 다 되었네. 서동권, 이재표, 김병수 다 이리 나오소."

장덕삼은 자기가 먼저 한편으로 따로 서며 세 사람을 부른다. 보안계 주임이 앞장을 서고 중정 대리와 네 사람이 뒤따라 서장실로 들어가는 것을 바라보며 또 제각기 한마디씩 한다.

"이 사람들! 하나도 빼지 말고 자세히 이야기하소!"

"그 도적놈에게서 단단히 다짐 받아 가지고 나오게!"

"어떻게든지 오늘은 끝나도록 해 가지고 나오게!"

이러한 격려의 소리를 들으며 대표들은 보안계 주임의 안내로 서장과 마주 앉게 되었다.

사십여 세나 되어 보이는 서장은 약간 몸을 들어 의자를 다가놓고는 무겁게 덜퍼덕 주저앉았다. 그는 무테 안경을 한 손으로 고쳐 쓰면서 헛기침을 두어 번 하였다.

"자네들 국어(일어) 할 줄 아는가?"

그는 네 사람을 번갈아 보며 물었다. 제일 나이 적은 서동권이가 머리를 굽실했다.

"네, 난 좀 알아듣습니다마는 다른 세 사람은 잘 못 알아듣습니다. 통역을 한 분 세워 주십시오."

그의 일어가 너무나 유창하여서 서장은 의외라는 듯이 동권을 주의하여 보며 보안계 주임에게 무어라고 하니까 그가 나가더니 키가 작고 얼굴이 넓적한 형사 비슷한 자를 데리고 왔다.

서장은 그자를 통하여 이들의 용건을 물었다.

"네, 우리는 아시는 바와 같이 하수도 공사 일하는 노동자들이올시다."

제일 나이 지긋한 장덕삼이가 말을 꺼내었다.

"작년 십이월부터 일을 하기 시작하여 지금까지 넉 달이 되도록 돈이라고는 삼십 전 한 번 받고, 쌀 두 되 받아 먹은 것밖에는 삯이라고는 받은 일이 없으니 이런 노릇이 어디 있단 말이오?"

손바닥을 뒤집어 보이면서 말소리가 차차 거칠어진다.

"그럴 리가 있는가?"

서장은 가볍게 말마디를 무질렀다*. 성질이 급한 이재표가 불쑥 나섰다.

"그럴 리가 있다니요? 그러니까 중정이란 놈이 도적놈이란 말이오."

그는 소리를 버럭 지르며 중정 대리를 노려보더니, 다시 말을 계속한다.

"처음에는 삯이 하루에 칠십 전이니 얼마니 하던 것들이 칠십 전은 고사하고 삼십 전 받은 사람, 삼십오 전 받은 사람, 제일 많이 받은 사람이 오십 전 받았는데, 이것도 꼭 한 번밖에 받은 일이 없고, 삯전 대신으로 쌀을 받아 먹었다 해도 그게 어디 쌀이랍데야? 흉악한 싸래기 두 되 받은 일밖에 없으니 그래 죽도록 일하는 놈은 죽어 가며 외상 일만 하라는 법이 어디 있단 말이오."

그는 서장이 그의 상대자인 청부업자나 되는 듯이 눈을 부릅뜨며 얼굴에 핏대를 올렸다.

"그것이 정말이오?"

서장은 한풀 죽어 앉았는 중정 대리에게 물었다.

"네, 어찌 그렇게 되어 버려서……."

그는 머리를 득득 긁으며 말끝을 흐려 버린다.

"이놈! 너도 속은 있어서 말을 우물쭈물하는구나. 넉 달 동안에 돈 한

---

* 무지르다 물건의 한 부분을 잘라 버리다. 중간을 끊어 두 동강이를 내다.

푼 안 주는 벼락 맞을 놈이 어디 있단 말이냐."

이번에는 김병수가 그 우렁찬 목소리로 대들었다.

"싸움하듯이 그런 욕 하면 안돼!"

서장은 점잖게 병수를 제재한다. 저편 유리창 밖에는 동료들이 왔다 갔다하며 방 안을 들여다보기도 하고 말소리를 들으려는 듯이 귀를 기울이기도 하였다.

"그러니까 말이오. 서장 영감 제 말을 좀 들어 봅시다. 그래 넉 달 동안 일은 시키고 삯은 안 주니 누가 그놈의 일만 할 수가 있겠느냐 말이지요. 전표만 날마다 주면 종이를 씹어 먹고 살 수 없고, 그 전표를 팔든지 잡히든지 해먹었자 결국은 손해뿐이지 입에 들어오는 것이 없이 공짜 일만 하면서도 감독과 십장*들에게 까딱하면 두들겨 맞고 잔소리만 듣고 거 뭐 압제라니 말할 수가 없소. 우리 같은 사람은 객지라 싸래기밥이나마 함바*에서 얻어먹고 일했지마는, 덕삼이, 재표 같은 처자 있는 사람들은 거참 굶기가 일쑤지라우. 인제는 일도 더할 수 없고 속기도 그만 속아 넘어갈 테니 이 도적놈에게서 이 때까지 일한 우리 삯이나 받게 해 주시라고 이렇게 밝고 밝은 법 밑으로 원정온 것이올시다."

합장하듯이 손을 합하여 능청맞게 허리를 구부리며 병수는 말을 마쳤다. 간간이 밖에서 떠드는 소리가 들린다.

서장은 빨아들였던 담배 연기를 천천히 뿜으며 기침 한 번을 크게 하더니 두 손을 깍지 끼어 테이블 위에 놓으며 중정 대리를 돌아보면서,

"그것이 정말이라니 그러면 어째서 그렇게 되었던 말이오?"

하고 물었다.

---

* **십장**(什長) 일꾼들을 감독, 지시하는 우두머리.
* **함바**(飯場) 토목 공사장이나 광산의 현장에 있는 노무자 합숙소를 뜻하는 일본어. 요즘에는 현장에 있는 간이 식당을 뜻한다.

중정 대리는 휘청휘청하도록 큰 키와 몸에 어울리지도 않을 만큼 방정맞게 고개를 연방 죄며,

"네 네, 저 역시 남의 밑에 있으니까 시키는 대로 할 뿐이지 어찌 제 맘대로 할 수가 있겠습니까? 일이 이렇게 된 이면에는 내용이 있습니다."

하고 손수건으로 이마의 땀을 씻는다.

삼월 하순이라 서장실 한쪽 난로에는 아직도 불이 피어 있는 일기이었건만 그는 속이 쪼들려서인지 이마와 콧마루에 땀방울이 솟아올랐다.

"그러면 그 내용이라는 것은?"

서장이 묻는 보람도 없이 중정 대리는 말하기를 꺼리는 듯이 입맛만 다시고 있다.

"자, 그 내용을 말해 보시오."

서장이 다시 재촉하여도 그는 주저하기만 하다가 마지못하여,

"처음에 중정이가……."

하고 말을 시작하였다.

"중정이가 부청과 계약하기는 칠만 팔천 원에 청부하기로 하여서 금년 오월 말일까지 준공하기로 계약이 되었습니다."

통역을 통하여 말을 교환하게 되는 자리인지라 서동권은 속으로 마땅치 않게 생각하고 있었다.

서장이 자기의 동료들에게는 하대를 하고 중정 대리에게는 경어를 쓰는 것이 대단히 비위에 거슬렸다. 더구나 통역이 서툴러 일어로 듣고 나서 통역을 듣게 되면 시간도 지루할 뿐 아니라 긴장미가 몇 배가 감하여 마음대로만 한다면 동권이 자기가 나서서 통역도 하고 말대꾸도 하고 싶었지마는 말할 기회가 오기까지를 참을 수밖에 없었다.

동권은 서장의 무표정하게 뚱뚱한 얼굴을 건너다보다가 세 동료의

긴장한 눈들을 둘러보기도 하고 중정 대리의 얍실거리는 입을 노려보다가 잔뜩 거드름을 부리면서 통역하는 자를 눈 흘겨보기도 하였다. 마음에 합당치 못한 말마디에 가서는 헛기침도 하고 손도 비비며 앉았노라니 열아홉 살밖에 되지 않은 동권으로는 이 자리에 차분히 앉아 있는 것이 안타깝기만 했다.

유리창 밖에서는 동료들이 추운 듯이 팔짱을 끼고 여전히 왔다 갔다 하며 혹은 주먹을 휘둘러 보이기도 한다. 날이 갑자기 흐려지면서 바람이 일어나는 모양이다.

삼백 명의 노동자들이 동맹파업을 단행하고 이처럼 격분하여 경찰서에 쇄도하게까지 된 하수도 공사의 내막은 이러하였다.

실업 노동자들을 구제하기로 목적한 하수도 공사가 근년에 유행과 같이 각처에서 일어났다.

목포부에서도 실업 구제의 하수도 공사를 시작하게 되어, 중정이라는 자와 칠만 팔천 원의 경비로 육 개월 안으로 공사를 준공시키기로 청부계약이 성립되었다.

중정이는 칠만 팔천 원의 사할을 제 주머니 속에 따로 떼어놓고 나머지 사만 칠천팔백 원으로 공사를 끝마칠 예산을 세웠다.

그러나 그는 현금이 없는지라 산본이라고 하는 자를 전주*로 하여 우선 일만 팔천 원을 얻어가지고 보증금으로 청부 경비의 십 분의 일, 즉 칠천팔백 원을 목포 부청에 납입하고 나머지로 목포 등지에서 와 나주 등지에서 삼백 명의 노동자를 모집하였다. 그리하여 공사를 시작하되 삼 부로 나누어 판구, 복부, 영정 세 사람에게 삼 조 감독을 시켜 각각 십장과 노동자들을 두어 일을 하게 하였다. 부청과의 계약에 노동자

---

* 전주(錢主) 사업 밑천을 대는 사람.

의 임금은 기술노동자와 십장은 매일 일 원 이상이요, 보통 노동자는 최하 칠십 전으로 정한 것이나, 중정의 비밀 주머니 속으로 들어간 삼만 일천이백 원의 큰 구멍을 감쪽같이 때우는 오직 한 가지의 길은 노동자의 피땀의 삯전에서 착취하는 수단밖에 없었다.

그리하여 노동자들은 오십 전 이하 삼십 전까지의 적은 삯에 목을 매고 유달산에서 사정없이 내리닥치는 찬 바람과 뒷개펄판에서 몰려오는 눈보라를 맞으며 꽁꽁 얼어붙은 땅을 파기 위하여 종일 곡괭이질과 남포질*로 돌을 뜨기 시작한 것이다. 그러나 그들은 일을 시작한 지 석 달 동안에 삯이라고는 돈으로 한 번 받고 십이 전짜리(보통 쌀 십칠 전 할 때) 싸라기로 한 번 탄 일밖에 없었다.

중정이는 목포 공사 외에 보성 벌교에 다시 하수도 공사 청부를 맡아 그곳에 현금을 쓰느라고 노동자들의 임금 지불의 기한을 내일이니 모레니 미루어 속여오는 한편, 전주인 산본이가 중정을 의심하여 출자를 하지 않는 까닭에 중정의 돈길이 끊어진 것이다.

죄 없는 노동자들은 삯은 받지 못하고 전표만 매일 받으며 고픈 배를 움켜쥐고 뼈가 닳아지도록 외상 일을 하되, 걸핏하면 십장과 감독에게 두들겨 맞으면서 압제만 당할 뿐이었다.

"아니 우릴 허수아비로 아는 것이냐?"

"우릴 피가 없는 기계인 줄만 알고 있는 모양이지."

영구한 허수아비인 줄만 알았던 그들도 마침내는 불평을 터뜨려 삼 개월로 접어들면서부터는 태업하기를 시작하다가 사 개월이 되는 삼월 하순에는 삼 조의 동맹파업 기분이 농후하여졌다.

부청에서 이 소식을 듣고 현장 시찰을 하기 위하여 북천 토목과 주임이 출장하여 보니 오월 말에 준공한다는 공사가 아직 호리가따*도 끝내

* **남포질** 도화선 장치를 하여 폭발시킬 수 있게 만든 다이너마이트인 남포를 터뜨려 바위 따위의 단단한 물질을 깨뜨리는 일.

지 못하고 있으며 게다가 좋지 못한 말까지 있어서 중정의 청부 계약을 해약시켜 버렸다.

이러한 내막을 자세히 알게 된 노동자들은 이 돌연히 해약된 소문을 듣자 일제히 동맹파업을 단행하고 중정조 사무실에 몰려가 중정 대리를 붙잡고 이 때까지의 임금을 지불하라고 격렬히 육박하다가 결국 경찰서에까지 이르게 된 것이었다.

서장에게 그간의 내용을 말하는 중정 대리는 비밀한 사기행동의 말은 물론 하지 않고 다만 전주인 산본의 말과 청부계약의 해약만을 대강 얘기하여 동맹파업의 동기를 말하였다.

참을 수 있을 때까지 참느라고 애쓰던 동권이는 더 참을 수 없을 만큼 감정이 폭발되었다.

"거짓말 말아라! 너도 중정이와 한 배짱이 아니냐? 왜 더 비밀한 말까지 하지 않느냐? 너도 양심이란 것은 있어서 옳고 그른 것은 아는 모양이지? 그러면서도 우리 노동자들에게는 사기수단을 쓰지 않았느냐?"

주먹을 쥐어 중정 대리를 겨누면서 유창한 일본말로 직접 대어들었다. 통역자가 깜짝 놀란 듯이 눈을 크게 떠서 동권을 훑어본다.

"하여간 그만큼 들으셨으니 부윤을 불러다 주십시오. 오늘 우리가 서장께 면회한 목적도 부윤과 직접 담판하여 그 책임을 물으려고 온 것입니다."

처음에는 동료들이 알아듣게 하려고 우리말로 하고 다시 일본말로 서장에게 청하였다. 덕삼이와 재표, 병수도 말끝을 달아 부윤 불러주기를 청하였다.

서장은 통역자를 쳐다보며 의견을 말했다.

---

* 호리가따 '수로 파기' 라는 뜻으로, 일본어에서 온 말.

"좌우간 한번 쌍방의 말을 잘 들어보아야 알겠으니 부청에 전화를 걸어 토목과 주임을 오도록 하여 주게나."

통역자는 나갔다가 들어오더니 허리를 굽실하며,

"북천 주임이 곧 오시겠다고 합니다."

하고 여쭈었다.

십 분쯤 지난 후, 밖이 갑자기 왁자해지면서 중정 대리와 거의 비슷한 키와 몸부피를 가진 북천 주임이 서장실에 나타났다.

서장은 그와 마주 앉아서 노동자 측의 요구와 중정 대리의 내용을 말한 후에,

"중정과의 정식 해약이 되었습니까?"

하고 물으니까 북천이는 큰 눈을 황당하게 더 크게 뜨며,

"아닙니다. 아직 정식 해약의 선언은 하지 않았습니다."

하였다.

"그렇다면 해약 송달을 하기 전에 노동자들의 임금을 먼저 지불해야 되지 않겠소?"

"그렇지만 어디 그렇게 할 수가 있겠습니까?"

"아니, 그러나 이 때까지 한 번밖에 받지 않았다는 것은 너무나 지독하지 않소? 중정의 보증금에서라도 임금 지불을 하도록 하시구려."

"그러나 해약하게 된다면 중정의 보증금은 몰수하는 것이니까 그럴 수도 없게 되지요."

동권 이외의 세 사람도 말을 약간 알아듣기는 하는지라 북천과 서장의 입만 바라보고 있던 네 사람이 주임의 성의 없는 말을 듣자,

"그것은 안 될 말이오."

하고 소리쳤다.

동권은 자리에서 벌떡 일어났다.

"여보! 주임, 참 당신은 너무 책임 없는 말을 하오그려. 그래 그것이

실업자 구제라는 이름 좋은 하수도 공사의 내막입니까? 중정이는 칠만 팔천 원의 사할을 혼자 떼어먹고 나머지로 역사하느라고 칠십 전이상의 임금을 삼사십 전으로 감하여 놓았답니다. 그러나 매일 지불도 하지 않고 전표만 줄 뿐이었고, 받은 것은 돈으로 한 번 쌀로 한 번 두 번뿐이었소. 그 뿐인가, 삼십이 전짜리 전표를 가지고 쌀을 받을 때는 한 되 십이 전짜리 싸라기를 십오 전에 주면서도 두 되에 삼십 전이면 이 전이 남는데 그 이 전까지 집어먹어 버리는구려. 전표가 많거나 적거나 다 그렇게 당하였소. 그래 하루 종일 굶어가며 죽도록 당신네 일만 하는 것이 노동자의 실업 구제 목적인 하수도 공사이오?"

동권의 목소리는 흥분으로 떨리기까지 하였다. 서장이 무슨 말을 하려 할 때 동권은 얼른 다시 말을 계속한다.

"그래, 그놈의 돈도 못 받는 전표는 무엇에 쓰란 말요? 저엉 군색할 때는 삼십오 전이면 삼십 전에 잡혀먹고 사십칠 전이면 사십 전에 팔아도 먹어 보았소. 그래 한 사람 앞에 수십 장씩 다 가지고 있는 전표를 감쪽같이 살라버려 주었으면 아주 고맙겠지요? 당신네가 중정이를 해약시킬 터이면 우리의 임금 지불을 끝내놓고 해야만 정당한 처리가 아니오? 당신네 손해보지 않을 일만 생각하고 수백 명이 굶는 일은 생각지 못하나요? 보증금에서 주라니까 뭐 그것은 압수니까 안되어? 그래 당신네 먹을 것은 칠천팔백 원 딱 떼놓고 삼백 명의 임금은 모른 척하려고 드니 정작 책임자인 부청 당국자는 중정이와 합동하여 삼백 명의 목을 졸라매어도 관계없단 말입니까? 서장! 이런 불법자들도 가만두어야 옳습니까?"

그는 주먹으로 책상을 치며 입으로 불을 뿜는 듯이 북천이와 서장을 힐책하였다.

북천이가 오면서부터 밖에 있는 노동자 측의 태도가 불온해지는 것을 보고 서장실에는 보안계 외의 각계 주임과 형사들이 들어왔다가 동권이가 책상을 치며 힘 있는 말소리를 계속할 때 방 안은 잠잠하였고, 군중은 유리창으로 몰려와 들여다보다가 동권이가 말을 마치자,

"옳다! 그렇고말고! 어서 삯을 내놓아라! 안 준다는 법이 어디 있느냐?"

"버러지같이 보이는 우리라도 너희가 와락 그렇게만은 못 할 것이다."

하며 떠들어 대는 것을 형사들이 밖으로 나가서 제재하였다.

북천이는 동권을 건방지다는 듯이 노려보았다.

"나 역시 나 한 사람의 결정으로 못 하는 것이니까, 딱합니다마는 대관절 임금은 전부 얼마나 된다 합디까?"

정작 상대자에게는 외면하면서 북천은 서장에게 물었다. 네 사람은 삼백 명의 전표 계산서를 내놓았다. 북천이가 계산서를 앞으로 다가 본다.

"일천사백 원……."

그는 한 번 뇌어 보고 잠잠히 앉았다가 서장과 대표들을 둘러보며,

"닷새 이내로 중정이로 하여금 임금을 전부 지불하게 하되 만일 중정이가 할 수 없을 경우에는 부청에서라도 책임지기로 하겠소."

하는 선언을 하였다.

삼백 명의 노동자들은 북천의 그 언약을 듣고서야 경찰서에서 물러났다.

삼부 노동조합 사무소를 나온 동권은 심한 피로를 느꼈다. 계모의 야단치는 서슬에 아침밥도 받았다가 그냥 내놓고 점심도 굶은 데다가 저녁때도 지난 황혼이 되고 보니 시장기가 몹시 들 뿐 아니라 경찰서에서 너무 흥분하였던 탓인지 열까지 오르는 듯하여 오늘 밤에는 집에 가는

길이 더 험하고 돌멩이도 많은 것같이 느껴졌다. 사립문을 힘없이 젖히고 들어서는 동권을 보자 계모는,

"오늘은 돈푼이나 생겼는갑다. 인자사 어슬렁어슬렁 기어오게……."

하면서 밥상을 마루 밑 부엌에 서 있는 딸에게 내어주더니 또 트집이다.

"오늘은 돈을 꼭 탄다고 하더니 그래 얼마나 가지고 왔냐?"

"흥 돈?"

어느 결엔지 동권의 입에서 탄식같이 새어나왔다.

"뭐? 어째? 흥 돈? 아따 이놈 봐라. 이놈이 인자 조소까지 하는구나. 그래 돈 돈 하니께 돈에 미쳤다고 조소하는 셈이냐?"

계모는 납죽한 입을 악물고 딱부리눈을 똑바로 떠서 동권을 보며 체머리를 살살 흔든다*.

"누가 조소했소? 돈도 못 탔는데 돈 말 하니까 얼척없어* 그랬지."

"옳다. 말대답 자알 한다! 돈을 타서 까먹어 버리고 조소를 하는지 참말로 못 탔는지 뉘 아들놈이 네 말을 곧이들어?"

말을 할 기운도 없거니와 조석으로 얼굴만 대하면 언제나 당하는 노릇이라 동권은 시들한 듯싶게 잠자코 앉아 있다.

"돈도 못 타고 일도 안 하면서 진작 와서 밥이나 처먹을 것이지 어디가 자빠져서 놀다가 인자사 깔대와? 딴 상 차리기 좋은 사람은 어디가 있는가? 종년이나 하나 데려다 놨는가 보구만. 으응! 아니꼽게……."

계모는 방정맞게 작은 제 키만한 담뱃대를 들고 발딱 일어나서 부엌으로 불을 붙이러 들어간다.

"어머니, 무슨 그런 말을 다 하시오? 그만해 두시오. 오빠는 어서 방

＊ 체머리 흔들다 어떤 일에 질려서 머리가 흔들리도록 싫증이 나다.
＊ 얼척없다 '어처구니없다' 의 사투리.

으로 들어가서 밥 먹어요."

계모가 데리고 온 딸인지라 어머니의 하는 말이 온당치 못하다고 생각된 희순은 자기 어머니에게 가만히 핀잔을 주며 밥상을 들고 섬돌로 올라온다.

"뭣이 어째? 주제넘은 년. 넌 가만히 자빠졌어. 편들어 주면 고마운 줄 알께비?"

그는 담배를 뻑뻑 빨다가 다시 고개를 돌려 동권을 흘겨보며,

"이때까지 키워놓은 공갚음 하노라고 흥 돈? 함서 코웃음치는 것 봐! 이놈아, 뭐 공으로 큰 줄 알고 인자는 조소까지 해? 되지 못한 건방진 놈의 자식 같으니."

하고 또 담뱃대를 든 채 발딱 일어선다.

"그만저만 해두소. 종일 굶은 놈 저녁이나 먹으라고……."

방에 들어앉았던 동권의 아버지가 듣다 못하여 말했다.

"뭐? 종일 굶은 놈? 누구는 배 터지는 사람 보는가? 이녁 아들이라고 편짜놓는구만, 그만저만 해두제. 누가 제 아들 뜯어먹는다고?"

"어머니, 그만두시란 말이오. 큰방 아주머니 부끄럽소. 오빠는 들어가 밥 먹으라니께야."

"이 가스낭년이 왜 이렇게 볼게진다냐? 늙은것 젊은것 나 하나 가지고 지랄들을 하네. 엥, 내가 죽어사 요런 놈의 꼴을 안 보제."

동권의 아버지는 동창으로 고개를 내밀어 마루에 걸터앉아 있는 아들에게,

"이놈아, 들어와서 밥 먹으라는 말이다. 배가 안 고픈 것이로구나. 그렇게 넋 빠지고 앉았게……."

한다. 고개를 푹 숙이고 있던 동권은 그제야 일어나서 방으로 들어와 밥상을 받아 막 한 숟가락 떠서 입에 넣으려니까 계모가 또 종알댄다.

"어멈보고 비웃던 아가리로 그래도 밥은 잘 들어가는구나."

동시에 아버지에게서 재떨이가 날아와 앙알대는 계모의 어깨를 툭치고 떨어진다.

"빌어먹을 년, 그만두라고 해도 너무 지랄한다. 요망스럽게 계집년이 왜 그리 방정이냐?"

계모는 악이 나서 파랗게 질린 입술을 악물고 재떨이를 집어 영감에게 도로 던진다는 것이 동권의 밥상에 떨어져 김치그릇이 와자지끈하고 깨어지며 김치국물이 쏟아진다. 동권은 벌떡 일어났다.

"에이 참, 해도 너무한다. 원 사람을 볶아도 분수가 있어야지."

그가 중얼대며 밖으로 나가니까, 계모는 문께까지 쫓아나오면서,

"뭐 너무해? 사람을 볶아? 저 사람 잡아먹을 놈이 제 에미 잡아먹고도 못마땅해서 생사람 잡아먹을라고 볶는다는 것 봐! 엥이 못된 놈! 이놈!"

하고 깨어진 쇠그릇 소리 같은 목소리를 힘껏 높여서 악을 썼다.

"이년 요망스럽게!"

동권의 아버지가 쫓아나와서 발길로 차니까 딸이 뛰어오고 큰방 사람이 달려온다.

계모는 영감에게 덤비어 물어뜯으며 치고받고 말리고 하는 소란스러운 시간이 잠깐 계속했다.

동권은 포악스러운 계모의 울음소리를 뒤로 하고 사립문을 벗어나 불만 반짝이는 기왓가마 동리를 내려다보며 한숨을 후유 내뿜는데 희순이가 따라와서 동권의 소매를 잡아당겼다.

"오빠! 어디 가지 말고 거기 좀 섰다가 밥이나 먹고 나가요. 종일 굶고 저녁까지 안 먹어선 안 되지 않아요."

희순은 고개를 숙이고 손등으로 눈물을 씻는다. 약혼한 처녀인지라 치렁치렁한 검은 머리채며 발육이 좋은 등어리와 어깨에는 처녀의 황금시대의 아름다움이 서려 있었다.

"항상 하는 말이지만 어머니가 그러시는 것은 도무지 대꾸를 말고 그저 지나가는 사람의 짓이거니만 하란 말예요. 그러니깐 너무 속상하지 말고 밥이나 먹고 나가요."

그는 오늘 저녁에 분투하고 온 오빠를 먹이려고 바느질품을 팔아 모아둔 귀한 돈에서 그의 좋아하는 제육을 사서 찌개를 해놓았던 것이다.

모처럼 들여놓은 정성이 깨어지게 될 때 처녀의 마음에는 애닯게 생각되었다.

동권 역시 밥상에서 잠깐 본 제육으로 보든지, 몸을 지탱하지 못하도록 시장함이라든지, 사실 그렇게 할까도 생각하여 망설이는 차에 안에서 들리던 울음소리가 뚝 그치며,

"희순아! 이년 어딜 갔나?"

하고 악쓰는 소리가 들린다.

"오빠! 꼭 그래요? 조금만 있으면 조용해질 것이니깐 큰방으로 들어와 밥 먹고 나가요."

희순이 신신당부하고 안으로 들어갔다.

"무엇하러 깔대다녀? 서방 찾아다니냐?"

계모의 소리가 총알같이 날아와 박혔다.

"에이 더러운 여편네!"

기침을 한 번 칵 토하여 더럽다는 듯이 침을 탁 뱉고 동권은 발을 옮겼다.

동권은 윗길로 사무소에를 갈까, 용희의 집 앞으로나 지나보게 아랫길로 갈까 하고 망설이다가 아랫길로 발길을 돌려서 두어 걸음 내려오는데, 용희의 집 대문 처마 밑에서 검은 그림자 하나가 나오더니 마주 올라온다.

동권이가 그냥 지나치려는데 그림자가 가까이 왔다.

"동권 오빠 아니야?"

용희의 음성이다. 동권은 지극한 반가움에서 와락 용희에게로 대들다가 스스로 놀라 조금 물러섰다.

"용희가 웬일이지? 어디 가는 길이여?"

그는 처녀의 동그스름하고 하얀 얼굴을 내려다보았다.

"하도 희순네 집에서 야단이 나길래 여기까지 와 봤어. 그런데 밥도 안 먹고 어디 가는 거야?"

그윽이 쳐다보는 용희의 눈은 캄캄한 속에서도 반짝인다.

"밥을 먹었는지 안 먹었는지 어떻게 알아?"

두 사람의 발길은 용희네 대문 앞으로 향한다.

"내가 그 집 문 앞까지 가서 다 들어봤지 뭐."

용희는 한 손을 입으로 가져가며 웃는 모양이다.

자기의 집 대문까지 와서 용희는 빗장을 달각달각 밀었다.

"우리 집에 좀 들어가."

"뭐? 다들 어디 가셨길래?"

"할머니랑 어머니는 오늘이 큰댁 제사라고 아침부터 기집애 데리고 가셔서 종일 나 혼자 있었는데…… 다들 내일 오시니깐 오늘 밤엔 용기랑 나밖에 없어."

동권은 망설이고 있었다. 용희는 대문 안에서 또 재촉하였다.

"용기도 아까 큰댁에 보내면서 놀다가 오라고 했어. 어서 들어와! 남들 지나가다가 보겠구만그래."

동권은 마지못해 들어가면서도 어쩐지 서먹서먹해하였다. 용희는 대청마루를 지나 자기 방인 뜰아랫방으로 들어갔다. 걸을 때마다 그의 머리채가 발뒤꿈치에서 치렁거리는 것이 안방에서 새어나오는 불빛에 보였다.

전등불이 환한 방 안에 들어선 동권은 먼저 이상한 향기에 취하는 듯하였다. 용희는 아랫목을 가리켰다.

"거기 앉아요."

부끄러운 듯이 손으로 입을 가린다. '앉아요' 라는 말이 서툰 탓이었다. 동권이 용희의 말대로 아랫목에 앉으니까,

"잠깐만 혼자 앉았어. 나 얼른 밖에 갔다 올게."

하고 옥색 저고리의 소매를 걷으며 분홍 치맛자락을 걷어 찌르면서 밖으로 나갔다.

동권은 방 안을 둘러보았다.

이 집에 오기는 여러 번이었으나 방은 처음이다. 처녀의 방인 만큼 놓여 있는 것이 다 고운 것뿐이었으나, 제일 눈에 띄는 것이 불란서 자수 바탕으로 만든 책상보와 그 위에 모양 있게 책꽂이에 꽂아 놓은 많은 책들이었다.

'언제 어떻게 저 많은 책들을 구했나.'

동권은 속으로 놀랐다. 벽에는 사진틀이 걸려 있고, 저쪽으로는 남치마 노란 저고리들이 걸려 있었다.

나무 꺾는 소리가 들리면서 어느 틈으로인지 연기가 새어 들어온다. 책상 위에 놓인 시계는 여덟 시다.

동권은 일어나 책을 검사하여 보니 한쪽으로 독본과 일본말 부인 잡지가 몇 권 있는 외에 모두가 높은 정도의 문학서적이었다.

'아무래도 전문 정도의 누구가 배경에 있구나.'

생각하니 어쩐지 마음이 슬퍼지려고 하였다.

문이 열리고 용희가 밥상을 무거운 듯이 들어다가 그의 앞에 놓고,

"어서 밥 먹어요. 희순이가 그러는데 아침도 안 먹었다니 얼마나 배가⋯⋯."

하면서 밥그릇 뚜껑을 벗겨 놓았다.

"밥은 무슨? 조금만 놀다가 갈 텐데."

그러면서도 김이 무럭무럭 나는 밥과 국이며 상으로 가득한 반찬을

볼 때 절로 손이 숟가락으로 가려고 했다.

"어서, 국이랑 식는구만그래."

용희는 수저를 그에게 들려주며 알뜰하게 권하였다.

"반찬이 참 걸다. 용희는 늘 이렇게 먹는가?"

동권은 용희를 보고 빙그레 웃으며 우선 곱게 썰어 놓은 제육을 집어다가 맛난 듯이 먹었다.

"다른 반찬들은 어머니가 나 먹으라고 우선 보낸 것이고, 그것 말야."

용희는 손가락으로 동권이 집어가는 제육을 가리키며,

"그것은 희순이가 오빠가 제일 좋아한다고 사길래 나도 샀지."

하고 상끗 웃는다.

"뭐? 나 줄려고 샀어?"

"그럼, 아까부터 희순이 어머니가 막 욕을 하고 오면서 죽이니 어쩌니 벼르길래 또 야단이 나서 저녁도 못 먹을 줄 알고 내가 맘먹고 샀는데. 따로 불러다가 차려 줄려고……."

"저런, 참 용하네. 어찌 미리 알까."

농담과 같이 말은 던졌으나 아닌 게 아니라 정성을 다하여 미리 준비하였던 밥상인 것만은 알 수 있었다.

"하여간 고마워. 용희가 아니면 누가 나를 그렇게 생각하겠어?"

가슴이 찌르르하도록 감격하여 용희를 보니까 용희도 마주 바라보다가 부끄러운 듯이 눈을 주전자로 떨어뜨리며 손으로 몸뚱이를 만져 본다.

밝은 불빛에 가까이 보니 열일곱 살의 처녀로는 한 살 위인 희순보다도 더 처녀답게 예쁘고 의젓했다.

작년 추석에 일본에서 막 나와서 얼마 되지 않아 동권의 아버지는 섬으로 일하러 가고 계모는 동권의 누님의 아기 받으러 가서 희순이와 둘이만 있을 때, 보름 동안을 날마다 두 처녀에게 가르치느라고 한 방에 있어 보았고, 그 후로도 가끔 만나기는 하였으나, 말조차 변변히 건네지 못하다가 일 시작한 이후로는 새벽에 나가고 밤에야 들어오게 되어서 맘으로만 간절히 사모하였을 뿐이었다.

그러다가 우연히 이렇게 다정하게 앉아 오순도순 말을 하게 되니 동권이나 용희는 꿈과도 같이 생각되었다. 용희는 동권의 밥 먹는 모양을 바라보면서 가슴이 쓰렸다. 동권의 얼굴이 작년보다 말 못하게 수척해진 것이다.

과연 동권은 몰라보도록 파리해졌다. 나가면 힘에 겨운 노동이요, 들어오면 계모에게 달달 볶이는 것이다. 놀면 논다고 잔소리요, 일하니 돈 타오지 않는다고 성화였다. 그에게 위안을 주는 희순이 없었던들 가정의 매일을 견디지 못했을 것이요, 마음으로 생각하는 용희가 없었던들 그의 생활이란 너무도 황량했을 것이다.

이 두 처녀의 숨은 위안과 동정으로 그의 정신만은 윤택하였을망정 심한 고역에 얼굴과 손은 터지고 거칠어져서 어려서의 귀엽던 모습과 상업 학교 시절의 활발하던 기상이며, 일본서 막 나왔을 때와 같은 청년미는 사라지고 빛나는 눈만은 그대로 있으나, 이제는 검은 얼굴에 광대뼈까지 보이게 되는 한 건장한 노동자에 지나지 못한 것을 볼 때, 용희의 가슴은 찢기는 듯이 아프면서 눈물마저 돌았다. 한 그릇 밥을 다 먹고 난 동권이가 물을 달래려고 용희를 건너다보니 그의 맑은 눈에 눈물이 괴어 있지 않은가.

"용희! 웬일이여, 응?"

용희는 얼른 주전자를 들어 그릇에 물을 따르며 딴전을 쳤다.

"아이, 물이 다 식었네."

동권의 가슴이 후끈 더워지면서 목구멍이 콱 막히는 것 같아 헛기침을 한번 하였다.

"용희!"

동권의 목소리가 가늘게 떨리는 듯하였다. 용희는 '응?' 할 수도 없고 '네?' 할 수도 없고 잠잠히 치맛자락만 만지고 있었다.

"용희!"

"왜 그래요?"

그제야 용희는 눈살을 찡그리는 듯이 하고 고개를 들며 대답하였다.

"무슨 속상하는 일이라도 있어?"

"아니."

"그럼?"

"어릴 때 지나던 일을 생각하니깐 괜시리 눈물이 나서……."

"으음!"

동권은 신음과 같이 용희의 말을 긍정하였으나 가슴만은 여전히 아팠다. 동권과 용희는 죽동에서 위아랫집에서 살았다. 여덟 살 때 동권의 어머니가 죽고 다음 해에 희순의 어머니가 동권보다 한 살 아래인 딸을 데리고 계모로 들어왔다.

그 때는 가세도 넉넉해서 희순과 용희가 함께 보통 학교에 다녔는데 얼굴도 쌍둥이같이 예쁘거니와 재주까지도 비슷해서 서로 석차를 다투었다.

동권은 누님이 시집가던 해에 상업 학교에 입학하였으나 집안 형편은 차차 기울어져서 목수인 그 아버지의 날품팔이만으로 네 식구의 호구를 계속하게 되었다.

동권이 3학년 되는 해에 용희와 희순은 보통 학교를 졸업했다. 용희는 객지에 보낼 수 없다는 부모의 사정으로 C여학교에 입학을 시켜 동권과 용희가 아침마다 나란히 한 방향으로 등교할 때마다 희순은 못 견디게 부러워하였다.

그러나 이 학기가 될 때 의외의 사건이 일어나 존경하던 상급생들이 모조리 잡혔다. 그렇지 않아도 가정 상태로는 도저히 더 학업을 계속할 수 없는 형편이라 동권은 친한 상급생의 원조로 그 해 겨울 말썽 많은 가정을 떠나 동경으로 갔다.

그는 신문 배달을 하면서 고학하던 중 어떤 기회에서 정이라는 지도자를 만나게 되었다. 그는 동권과 동향인이요 학교의 선배로서, 일찍부터 머리가 명석한 뛰어난 수재라는 소문을 들었던 터라, 그를 매일 방문하고 가르침을 받았다.

그들은 부부가 함께 고학으로 대학 생활을 하고 있었다. 동권은 정의 학문과 인격을 깊이 흠모하여 부지런히 어학과 사회 과학을 배우면서 정신을 연마하다가 그들이 귀국하자 동권도 뒤따라 돌아와서 셋방살이를 하고 있는 집안을 도우려고 노동자의 한 사람이 되었던 것이다.

용희의 아버지는 여전히 번화가에서 큰 포목상을 하면서 가족들은 죽교리에 새집을 지어 있게 하였고, 동권의 부모는 용희 어머니의 소개로 이웃집의 방 한 칸을 세들었던 것이다.

"용희!"

동권은 긴 추억에서 깨어나 눈을 뜨며 다시금 용희를 불렀다. 용희는 동권을 보았다.

"용희는 날 좋아하나?"

용희는 새삼스럽다는 듯이 동권을 흘겨보았다.

"용희가 날 사랑하느냔 말야?"

"어쩜! 번연히 알면서도……."

용희는 원망스럽다는 듯이 동권을 강하게 흘겼다. 순간 용희의 뺨이 확 붉어졌다. 동권은 용희의 팔을 끌었다. 용희의 중량이 동권의 가슴에 실렸다.

"난 정말 용희를 사랑해. 그렇지만……."

"그렇지만?"

용희가 동권의 가슴에 머리를 묻은 채로 반문하였다.

"우리의 사랑은 현재 정세에 합당하지 못하단 말야."

"그런 말이 어디 있어요?"

"그런 것쯤이야 용희가 생각해 보면 알겠지만 지금 우리는……."

그러다가 동권은 귀를 기울였다. 대문 흔드는 소리와 함께,

"누님! 누님!"

하는 아우의 소리가 크게 들려왔다.

"그럼 그 말은 숙제로 두어요."

용희는 바쁘게 방문을 열고 나가며 말했다.

삼월 이십오일. 이 날은 북천 주임이 삼백 명 노동자의 임금 전부를 책임지고 지불하겠다 하던 닷새 되는 날이다. 오전에 과연 북천 주임에게서,

"정거장 앞 ×상점으로 가서 받으라."

는 엽서가 온 것이다. 그들은 일제히 ×상점으로 달려갔다. 갑자기 많은 방문객을 맞은 상점의 사람들은 무슨 영문인지를 몰라 당황하다가 그들의 내용을 듣고는 모두 눈들이 둥그레서 그런 일은 모른다고 하였다. 극도로 흥분한 삼백 명은 중정 대리를 끌고 부청으로 몰려갔다.

"거짓말쟁이 북천이 나오너라!"

"민중을 속이는 관청을 없이하라!"

"부윤을 끌어내라!"

과히 넓지도 않은 부청 마당에 물샐틈없이 박혀 서서 각각 한마디씩 소리치다가 와아 하고 사무실 안으로 들어갔다. 사무 직원들은 깜짝 놀라 자리에서 일어나고 이층에서도 우당퉁탕 내려왔다. 부청 앞에 있는 도서관에서 책을 읽던 사람들도 뛰어나왔다.

부윤은 이층에 죽은 듯이 앉았고 다른 계원들은 경찰서에 전화를 거

느니, 노동자들의 침입을 막느니 하며 요란스러웠다. 정복과 사복의 순사와 형사들이 오륙 명이나 달려와서 군중을 위협하였다.

"잔소리 말아라. 우린 정당한 방법으로 우리의 임금을 찾고저 하는 거다."

"대중을 속이는 것이 불법이지 왜 우리가 불법이냐? 오늘은 세상 없어도 우리의 피땀의 값을 찾고야 말 거다."

"어서 북천이를 내놓아라!"

위협도 권유도 그들에게는 효력이 없었다. 고등계 형사 한 사람이 현관마루에 올라서서 두 손을 입에 대고,

"대표가 나오너라! 저번 날 서장께 면회한 대표 네 사람이 나와!"

하고 크게 외치니까 잠깐 조용하여지고 대표 네 사람이 나왔다.

"자네들 대표 네 사람이 들어가서 북천 주임과 직접 면대하여 처리해야지, 이렇게 몰려 들어가면 되지도 않을 것이고 법에도 걸리네. 조용히들 하게."

경어를 쓰지 않는 것에 비위가 틀렸으나 형사의 말대로 그들은 토목과에 갔다. 북천은 태연스럽게,

"중정이가 돈을 가지고 그 상점으로 한 시까지 오마고 했으니 그 때까지 기다려 볼 게지 왜 야료*를 하느냐?"

고 도리어 책망하듯이 말을 던지고는 다른 일만 하고 있었다. 그들은 하는 수 없이 한 시까지 기다리기로 하고 나왔다.

이 날은 아침부터 날이 흐리고 춥기까지 하여서 밖에서 몇 시간이나 기다리기는 어려운 일이었다.

부청 바로 위의 오포산에서는 깜짝 놀라도록 큰 소리가 터져나왔다. 오포*는 전 시가에 울리며 각 공장의 기적도 따라 울었다.

---

* **야료**(惹鬧) 까닭 없이 트집을 잡고 함부로 떠들어댐.
* **오포**(午砲) 낮 열두 시를 알리는 대포.

음식점 아이들이 각각 주문 맡은 음식을 들고 자전거로 왔다 갔다 하며, 사무원들이 식당에 들락날락하는 동안에 점심시간도 끝난 모양이었다.

　한 시가 되자 군중은 다시 끓기 시작하였다. 북천 주임이 나타나 큰 눈을 짐짓 가늘게 떠서 좌우를 살피며 아첨하는 듯한 어조로 말했다.

　"지금 광주에서 전화가 오기를 세 시 차에 꼭 도착하마고 하였으니 미안하지만 잠깐 더 기다려 주시오."

　"거짓말 말아라! 오늘도 속일 테냐?"

　"오냐, 또 거짓말만 하여 보아라!"

　무더기로 외치는 큰소리를 뒤에 두고 북천은 다시 들어갔다. 그들은 춥기도 하려니와 배가 고파서 견딜 수 없었다.

　"밥을 내라! 너희만 배부르게 먹고 우린 누구 때문에 생배를 주리고 있는 것이냐?"

　군중들은 와글와글 떠들다가 형사들의 제지로 겨우 그쳤다. 도서관에서 글 읽던 사람들도 몇 번씩이나 나와서 내막의 얘기를 듣고 놀라기도 했다.

　동권은 정이 그의 친구인 김씨와 도서관에서 나오는 것을 보고 그에게 달려갔다. 그는 반기면서 싱그레 웃었다.

　"차분히들 기다리고 있네그려."

　"어떻게 여기 오셨어요?"

　"틈이 좀 나기에 와 봤지. 그런데 언제까지 이러고들 있을 것인가?"

　"글쎄요, 세 시 기차로 온다니까 그 때까지 기다릴 작정입니다."

　"이렇게 추운 날 밥들을 굶고 밖에서…… 에익 참."

　정은 입맛을 쩍쩍 다시며 시계를 꺼내 보더니,

　"벌써 세 시 십 분 전이 아닌가? 또 언제와 같이 슬그머니 늘어져서는 안 되네. 모쪼록 끝까지……."

하고 다음 말을 이으려 할 때 고등계 형사가 가까이 오니까 슬쩍 말을 돌렸다.

"우편국에 왔다가 부청에 누굴 만나러 왔었네. 먼저 가니 천천히 오게."

그는 친구와 천천히 오포산으로 올라가는 뒷문으로 나가면서 군중을 슬슬 둘러보았다.

거진 세 시가 되었을 때 군중은 다시 움직였다. 대표들은 주임에게 갔다.

"우린 이 이상 기다릴 수가 없소. 목석이 아닌지라 춥기도 하려니와 배도 고플뿐더러 당신들의 교활한 수단을 생각하니 더 참을 수 없이 감정이 폭발되오. 아직도 우리에게 변명할 말이 남았소?"

동권은 강경하게 들이댔다. 북천은 머리를 득득 긁으면서,

"오늘은 나라도 꼭 주선해서 지불하려고 했는데 지금 현재 수중에는 사백 원밖에 없으니 어떻게 하면 좋겠소?"

하고 제법 의논성스럽게 말했다.

"안 돼요 안 돼! 다 내야 되오."

병수는 주먹을 흔들며 반대하고 동권은 다시 물었다.

"세 시까지 온다던 중정이는 어찌 되었기에 또 딴말이오?"

주임은 한 계원을 시켜서 다시 전화를 걸게 하였더니, 중정의 대답은 지금 대리가 돈을 가지고 자동차로 떠났다는 것이었다. 대표들은 나와서 동료들에게 다시 그 뜻을 전하였다.

위아래층 직원들도 각각 돌아가고 어느덧 전등도 켜졌으나 북천은 군중의 눈이 무서워 그대로 앉아 있었다. 군중들은 또 떠들기 시작하였다.

자동차 소리가 길게 나면서 정문으로부터 악마의 두 눈 같은 큰 불을 가진 자동차 한 대가 올라오다가 소리치며 마주 달려가는 군중을 보자

딱 멈췄다.

키가 작은 자가 한 손에 가방을 들고 안으로 들어가더니 북천과 함께 나와서 그들 앞에 섰다. 대리의 말은, '오늘 불가피한 사정으로 현금 육백 원만 가지고 왔으니 먼저 받으라'는 것이다. 군중은 다시 버글거렸다. 북천은 소리를 높였다.

"하여간 오늘 안으로 얼마가 되든 지불하겠다는데 왜 떠드느냐?"

"뭐라구? 네가 말하기를 오늘 안으로 책임지고 전부 지불한다고 하였다. 우리는 전부의 지불을 승인한 것이지 일부의 지불을 언약한 것은 아니다. 안 된다! 대중을 속이려고만 하는 너희들의 수단을 모르는 바는 아니지만, 이렇게까지 속인다는 것은 너무나 비열하지 않으냐? 전부 지불하지 않으면 우리는 여기서 야경할지언정 부청과 너희들을 떠나지 않겠다!"

우렁찬 소리로 힘차게 부르짖는 것이 동권의 소리인 것을 알자,

"옳다! 전부 지불이다! 사람을 밤중까지 기다리게 하고 이게 무슨 개소리냐? 차라리 내놓고 도적놈처럼 떼어 처먹어라!"

하고 일제히 소리소리 외쳤다. 의외의 강경한 노동자 측의 태도를 보고 키 큰 먼저의 대리가 와서 허리를 굽실거렸다.

"여러분, 참 면목이 없소이다. 오늘 전부를 지불한다는 것이 불가피한 사정으로 이렇게 되었으니 먼저 전표를 많이 가진 사람부터 받으면 삼 일 이내로 꼭 전부를 지불하겠습니다."

그는 연방 머리를 굽히며 달래듯이 말했다.

"안 된다! 너희가 어떠한 말로 달랠지라도 곧이들을 우리는 아니다. 우리는 넉 달 동안 굶어가며 외상 일을 해왔고 서약 이후 닷새 동안, 또한 오늘 종일을 이렇게 추운 밖에서 떨며 이 시간까지 몇 번이나 양보해가며 기다린 것이 아니냐? 아무리 철면피인 너희이기로 너무도 지독한 사기수단이다. 어떠한 방법으로라도 전부를 지불하여라."

동권의 소리는 다시 외쳤다. 군중도 따라 소리쳤다. 한동안 강경히 반항하다가 너무도 돈에 주리고 시달린 그들은 전표 적은 사람부터 받겠다는 조건하에서 두 사람이 중정 대리를 데리고 그들의 삼조 노동조합 사무실로 향했다. 동권은 양보하게 된 것을 눈물이 나도록 분해하였다. 이를 갈고 주먹을 쥐어 맹세한들 어쩌는 수가 없었다.

그 날 밤 육백 원의 지불을 받기 위한 삼백 명의 노동자들은 혈안이 되어 날뛰었다.

대리며 감독과 십장들이 아무리 권력을 쓰려 하였으되, 그들은 선후를 다투느라고 몇 사람의 머리가 깨어지고 옷이 찢어지며 서기가 얻어맞고 바뀌는 등 돈 때문에 일어나는 비절처참한 광경이 현출될 때, 동권은 몇 번이나 주먹을 부르쥐고 치를 떨었던 것이다.

삼 일 이내에 전부 지불하겠다는 것은 그들의 대중 기만의 한때 수단이었고, 근 보름 동안이나 걸리어서 나머지 팔백 원의 임금을 받게 되었는데, 중정이와의 청부계약은 표면 해약이 되고 이견이란 자가 그 뒤를 이었다.

이자는 더욱 수단이 교묘하여 밀가루 몇 부대만 대주면 말없이 일을 잘하는 청국 노동자를 칠십 명이나 사용하였다.

공사는 다시 시작되었다. 남포와 곡괭이질로 파내는 돌과 흙으로 정거장 앞바다를 메우느라고 삼부의 철로는 바다로 향하여 놓이었다.

동권은 보통 학교 후면 공사지에서부터 학교 앞을 지나 고무 공장과 시장 등지를 뚫고 지나는 구루마(수레)에 철로 타는 일을 하는 동안 꽃이 지는 봄과 잎이 피는 첫여름도 지나 칠월이 되었다.

그 동안 남포에 몸을 다친 사람들과 해를 입은 집들이 많고 구루마에 치인 사람들의 수효도 헤아릴 수 없었다. 그 중에는 과부 떡장수가 막 떡판을 이고 팔러 나가려는데 지붕 위로 넘어오는 돌에 치어 떡판은 개천에 빠지고 그는 종신 발병신이 되었고, 여덟 살 된 삼대 독자가 구루마에 치여 두개골이 깨어진 일까지 있었다.

그들 피해자들의 치료비에 대하여 동권이 감독에게 격렬하게 언쟁한 일이 있은 후로부터 감독은 동권을 미워하였다. 폭양이 미련스럽게 내리쬐는 한낮에 하루에 몇 번씩 왕래하는 구루마 일을 하는 것은 괴로운 일에 틀림없었다. 그러나 돌과 흙을 가득히 싣고 손잡이를 턱 잡은 후 주욱 내려가다가 커브를 슬쩍 돌아갈 때에는 여름인 만큼 시원하고 유쾌한 맛이 그럴듯하나 빈 구루마를 둘이서 밀고 팔 정이나 되는 쇠길을 걸어 올라올 때에는 내려갈 때의 시원한 맛 몇 배의 심한 고역이 되는 것이다.

동권은 구루마 위에서 아는 사람을 만나면 언제나 쾌활하게 웃고 목례하며 지나쳤다. 정씨의 아내를 세 번 보았고, 용희도 두 번이나 만났다. 흙땀에 착 달라붙은 잠방이를 입고 밀대모자를 쓴 흙빛같이 검은 동권이 청국 노동자와 함께 구루마를 밀고 오는 것을 보고 용희는 그 날 밤에 잠을 못 자고 울었다는 말을 희순에게서 들었다. 희순도 계모의 눈을 속여 흙 싣고 내려가는 오빠를 보러 갔다 와서는 동권이 갈 때까지 울고 있는 것을 보고 동권은 두 처녀에게 준열한 계몽을 시키기도 했던 것이다.

며칠 동안 장마가 계속되어 동권은 일터에 나갈 수 없었다. 이런 날은 집에서 읽고 싶은 책을 읽었으면 좋으련만 아버지조차 놀게 되니 계모의 잔소리가 더 심할 뿐 아니라 무덥기는 한데 좁은 방 안에 네 식구나 들어앉아 있을 수도 없어 그는 책을 들고 병수의 함바로 갔다.

함바에는 고역에 지친 그들이 낮잠을 자느라 좁은 방 속에서 발을 맞춰 누워서 코를 골고 있고, 다른 방에서는 잡담이나 육자배기 가락이 튀어나오기도 하였다.

그들은 동권을 반갑게 웃으며 맞았다.

"우리 선생님 오시는가. 어서 들어오게."

그들은 다투어 자리를 내주었다. 동맹파업 이래로 그들은 동권을 유일의 지도자로 알고 작은 일에라도 동권의 의견을 물으며 그를 무조건 신임하고 존경하는 것이다.

"자네는 비 오는 날이면 꼭 책을 가지고 다니니 제갈량의 호풍환우하는* 비결책이나 되는가?"

서당 훈장을 하였다는 나이 지긋한 나주 사람이 농담 비슷이 말했다.

"참, 난 자네가 책 가지고 다니는 게 제일 부럽데. 저렇게 책이라도 맘대로 보면 얼마나 행복할까?"

보통 학교 삼학년에서 퇴학당하였다는 병수는 부러운 듯이 말했다.

"책보다도 여러분과 같은 실제의 체험이 우리에겐 더 귀중한 것입니다."

동권은 이번의 동맹파업의 내막 이야기를 알아듣기 쉽게 하여서 그들에게 어느 정도의 지식을 넣어 주었다.

점심밥이 되었다고 하니까 세상모르고 자던 사람들도 어느 틈에 일어났는지 검고 누르스름한 밥 한 사발과 소금에만 절인 무 몇 쪽을 담은 접시 하나씩을 들고 온다.

"동권이 좀 떠먹어 보려는가?"

병수가 자기의 밥을 동권의 앞에 놓으며 하는 말이다.

"별소릴 다, 난 먹고 왔어요. 어서들 잡수시오."

동권은 좌우를 돌아보며 권했다. 나주 양반이 얼굴을 찡그린다.

"그것도 일할 때는 모르겠더니 자고 난 입에라 그런지 밥이나 반찬이나 너무 하찮네."

"이것도 십 전씩이니 놀면서도 삼십 전씩 까먹는 생각해서 참아 두시오. 김치나 좀 줘봤으면…… 밤낮 이놈의 것만……."

---

* 호풍환우(呼風喚雨)하다 요술로 바람과 비를 불러일으키다.

한 사람이 무쪽을 집어가며 불평이었다.

"참, 말이 났으니 말이지 너무 비싸다니께. 종일 벌었자 잘난 이 밥 값밖에 못하고 게다가 이렇게 비 오는 날은 외상까지 지게 되니 참 소위 생불여사*로군."

또다시 나주 사람의 탄식이다. 그는 옥편이라는 별명을 들을 만큼 문자를 애용하는 것이다.

"그러기에 한탄들만 하고 있을 게 아니란 말입니다."

동권은 뜻 모를 소리를 한마디 남기고 함바를 떠났다. 아까보다도 비가 더 쏟아지며 공사하다가 둔 하수도에 누른 물이 폭포같이 기운좋게 몰려간다.

동권은 정씨의 집에 또 물난리가 났겠구나 생각하며 발길을 그의 집으로 돌렸다. 파란 칠을 한 유리창을 열려니까 문이 안으로 걸려 있었다. 그는 문을 똑똑 두드렸다. 그제야 안에서 미닫이 소리가 났다.

"누구?"

하면서도 한동안 지체하다가 문이 열렸다.

"아, 동권인가? 이 빗속에 웬일인가?"

"너무 비가 퍼붓길래…… 오늘은 안 가셨습니까?"

"응 몸이 좀 불편해서, 들어오게."

그는 깔아놓은 요 위에 앉으라고 동권에게 권했다. 미닫이를 모조리 닫고 한편 구석에 책상을 놓았다.

'아마 무엇을 쓰셨나 보다.'

"정혜는 할머니 댁에 갔습니까?"

말이 끝나자마자 온돌과의 사잇문이 가만히 열리며 정혜의 작은 고개가 내다본다.

---

* 생불여사(生不如死) 살아 있음이 차라리 죽는 것만 못하다는 뜻으로, 몹시 어려운 형편에 있음을 이르는 말.

"아빠가 이놈 해. 가면 못 써."

샛별 같은 눈을 동그랗게 뜨고 납작스런 작은 머리통을 좌우로 흔들면서 누구에게인지 모르게 종알댔다. 정혜의 머리 위로 정씨 아내의 환한 얼굴이 나타났다.

"서군 오셨소? 이리로 들어오지요."

그는 남편의 눈치를 살폈다. 남편은 동권을 데리고 안방에 들어왔다. 아기가 색색 잠들어 있었다.

"비가 하도 오길래 또 물이나 들지 않았나 하고 와 보았습니다."

"글쎄 퍽 걱정돼요. 저 봐! 곧 넘치겠는데."

그의 아내는 뒷미닫이를 열고 개골창을 가리킨다. 동권과 정도 일어서서 보았다. 과연 굼틀대는 황톳물이 넘칠 듯 넘칠 듯 사납게 흘러간다.

"물이 들면 무슨 걱정이오? 내가 다 퍼내 주는데, 자긴 까딱 않고 화풀이나 하고 있으면서……."

정은 아내를 보고 빙긋이 웃으며 말했다.

"말은 좋지. 누가 할 말이오. 내가 죽어가며 혼자 하면 마지못해 하는 척하면서……."

아내는 남편에게 애교 섞인 웃음을 보이며 눈을 흘긴다.

"엄마, 아빠 밉다, 응."

엄마의 눈치를 챈 정혜는 엄마의 편을 든다. 아기가 깨었다. 가난한 살림에서도 항상 화기가 넘치는 이 가정에 동권은 오기만 하면 떠날 맘이 없으나, 오늘은 어째 자기의 존재가 방해나 되는 듯하여 만류도 듣지 않고 그의 집을 나왔다.

각색 과실과 참외 수박이 밤과 낮으로 길거리에서 썩어나는 듯싶게 한창이었으나, 제법 수박 한 통을 온전히 먹은 일이 없는 노동자들의 여름은 지나가고 추석도 멀지 않은 구월 십팔일이 되었다.

동권이 아침 여섯 시에 시작하는 일터에서 흙과 돌을 가득 싣고 첫 구루마를 타고 내려갈 때 보통 학교 앞길에서 구루마 통행을 기다리고 섰는 정씨를 보았다.

온 여름을 줄곧 겨울 양복과 겨울 모자로 지내온 그가 오늘도 그 양복 그 모자에 넥타이까지 매고 나선 것을 보면 어디 급한 출입이나 하지 않는가 하고 다시 돌아다보다가 깜짝 놀란 동권은 하마터면 구루마에서 떨어질 뻔했다.

고등계 형사 한 사람이 그의 뒤에 서 있는 것이다.

'무슨 일로 이렇게 일찍 경찰서에서 데려가는 것일까?'

구루마가 고무 공장의 모퉁이를 돌 때 저편 길로 형사 네 사람이 정씨의 집으로 몰려가는 것을 보았다. 동권의 다리에서 갑자기 힘이 빠지며 가슴이 두근거리면서 몸이 떨리기까지 하였다.

심술궂은 일본 형사 둘과 조선 형사 둘이 무슨 수나 난 듯이 달려가는 것을 본 동권은 정씨의 아내가 어린것들과 얼마나 놀랄까를 생각하고 구루마에서 곧 뛰어내리고만 싶었다.

두 번째 구루마가 내려갈 때 정씨의 아내가 옥색 양산을 높이 들고 책을 많이 묶어 들고 섰는 형사들과 차가 지나가기를 기다리고 섰다가 동권을 보자 반가운 듯이 눈짓하는 것을 보고 동권은 더욱 놀라 가슴을 태우다가 점심시간을 타서 정의 집으로 달려갔다.

정혜의 외조모가 아기를 업고 있다가 동권을 보고 눈물을 흘리며 보고했다.

아침에 형사가 와서 딸을 데려갈 테니 아기를 보라고 해서 덜덜 떨리는 다리로 겨우 왔다는 것이다.

"그래 애어멈이 그제야 세수를 하고 애기 젖만 좀 주고 그놈들과 갔는데 이 때까지 안 오니 애기는 보채고 어멈도 굶고 가…… 아이구

저놈들이 어쩔려고 저러는지 어서 내가 죽어야 이런 꼴을 안 볼텐데……."

노인이 흐느껴 우니까 정혜도 따라서 소리치며 울었다.

동권은 난리 난 뒤같이 함부로 뒤적이고 흐트러놓은 고리짝들이며, 문짝까지 떼어놓은 일본식 벽장을 둘러보면서 그를 위로할 말을 찾지 못하다가,

"너무 근심 마십시오. 정 선생님은 모르겠습니다마는 김 선생님은 꼭 나오실 것입니다. 이따가 밤에 또 오지요."

하는 말을 남기고 일터로 돌아왔다.

지루하게 기다리던 오후 일곱 시가 되자, 동권은 빨리 집으로 돌아가 옷을 바꾸어 입은 후 저녁을 먹는 둥 마는 둥 하고 정씨의 집으로 달려가서 유리문을 드르륵 밀자,

"누구?"

하고 바삐 나오는 사람은 행여나 자기의 남편이 아닌가 하고 바라는 정의 아내였다.

"아이구, 김 선생님 나오셨습니다그려."

"인제 곧 나왔지. 어서 올라오시오."

그는 아기를 안은 채 앞서 들어가며 일변 말을 했다.

"싱거운 자식들, 공연히 종일 앉혀놓고 말 몇 마디 물으면서 내 아들 배만 곯렸지."

"정 선생님은 못 보셨지요?"

"글쎄 분해 죽겠소. 점심때가 지나기에 애기 젖은 어떻게 하느냐고 막 대들었더니, 고등계 주임이 그제야 전화를 걸어서 어머니가 정혜 데리고 아일 업고 오셨구려. 그래 어머니랑 정혜 먼저 오고 난 애기를 데리고 있는데 일곱 시가 되니까 내일 또 오라고 슬그머니 내보내지 않겠소?"

"그래서요?"

"그래 고등계실에서 애길 업고 뚜걱두걱 내려오는데 그이가 보안계실 한가운데 의자에 와이샤스만 입고 얼굴이 벌게서 앉았는데 머리까지 헝클헝클합디다. 그런데 밥집 아이가 담배 재떨이 같은 데다가 밥하고 무쪽하고 툭사발에 멀건 물 좀 떠서 그 앞에 놓아 주었지. 그이는 나를 보자 깜짝 놀라서 서로 쳐다보고 망설이다가 그냥 나오는데 내가 돌아보니까 자기도 가만히 돌아봅디다. 말이나 몇 마디 하고 나올 텐데 그냥 나와서 생각할수록 분해 죽겠소."

그는 남편의 그 때의 모습을 그리는 듯이 멍하니 천장을 쳐다보았다.

그 동안 목포에는 세 번이나 격문사건이 있었다. 시내 각 학교 공장과 각 요처에 선동 격문이 산포되었다. 그 내용의 심각한 것이나 산포 방법의 교묘한 것이 재래 운동자의 소위가 아니고 타처에서 들어왔다는 소문이 돌았다.

고등계에서는 혈안이 되어 표면 운동자를 모조리 잡아다가 오랫동안 검속 취조했으나 결국 헛일밖에 되지 않았던 것인데, 세 번째는 더 광범한 범위 내에서 구속하여 정의 친구인 김이 체포되더니 끝내 정마저 잡힌 것이다.

정이 검거된 몇 날 후에 검속된 자들이 하나씩 나오기 시작하고 김과 정만이 남게 되었다.

그들은 끝내 시월 구일에 정을 주범으로 한 격문사건의 혐의자 육명을 송국하고 말았었는데, 발각된 동기는 김이라는 사람의 애인에게 있었다는 신문의 보도가 있었다.

동권은 정을 잃어버린 후로는 자기의 온몸을 의지하고 있던 골격이 부서진 듯이 마음을 지탱할 수가 없었다. 자기의 매일의 노동은 무의미한 호구의 수단으로밖에 생각되지 않았다.

밤이면 가끔 정의 가정을 방문하기도 하나 돌연한 정의 입옥으로 그의 아내가 어린것들과 생활난에서 허덕이는 것을 볼 때에는 항상 자기의 무능력을 한탄하지 않을 수 없을 만큼 언제나 무거운 가슴을 안고 돌아오는 것이다.

십일월 하순! 만 일 년 만에 하수도 공사는 완전히 끝을 마쳤다. 뒷개에서부터 보통 학교 뒤로 김장자의 대궐 같은 뒷담을 감돌아 유달산록의 허리띠와 같이 흐르고 있는 목포의 하수도는 굉장한 장관이었다.

최후까지 일을 계속한 이백 명의 노동자들이 흩어질 때는 그립던 처자를 만난다는 기쁨보다도 눈 날리고 꽃 피며, 푸른 그늘, 가을 달이 번갈아 가고 오는 일 년 동안 공동의 이해에서 같이 일하고 함께 싸우며 동고동락하던 동료들의 우정과 떠나기를 더 어려워하였다.

혹독한 추위와 폭염에 배를 주리며 뼈가 닳아지고 살이 깎이도록 일한 것은 누구를 위함이었던가? 그들이 돌아오기를 기다리는 처자들에게 가지고 갈 것은 빈주먹밖에 없었다. 그러나 그들에게서는 동권에게서 받은 선물이 있었다. 떠나는 그들 중에는 동권이와 장래의 상봉을 언약하는 뜻있는 굳은 악수를 교환한 사람도 있었다.

희순의 결혼날이 십이월 오일이라고 희순의 모녀는 빨래와 다듬이질로 한동안 일삼다가 이제는 밤낮으로 바느질하기에 눈뜰 사이도 없이 바빴다. 희순의 남편 될 사람의 선물인 장롱과 경대가 윗목으로 자리를 차지한 것이 눈에 띄면 어쩐지 동권은 섭섭한 맘이 들었다.

공사가 끝난 후부터는 펀들펀들 놀며 공밥을 먹는다고 계모의 잔소리는 몇 배가 늘었다. 동권은 한시도 집에 있을 수가 없어 하루바삐 떠나고 싶었으나 그 역시 맘대로 되지 않았다. 밤에는 남의 집에 가서 자고 조석이면 밥을 얻어먹으러 다닌다는 것이 얼마나 무의미하고 추근추근한 짓이냐?

현재 그에게는 정의 아내 이외의 절친한 사이도 없고 밤이면 몸을 붙여 자는 그 동무도 맘에 싫은 자였다. 더구나 며칠만이면 희순이가 집에서 없어진다는 것, 이것은 그의 유일의 위안을 뺏어 버리는 것이다.

거기다가 용희 역시 어려운 문제에서 고통을 받고 있는 것이다. 동권은 계모에게서,

"용희를 욕심내는 당지 권력가의 대학생 아들이 용희 부모에게 청혼했더니 부모는 허락하고저 하나 용희가 저사하고* 듣지 않는다."

는 말을 들었다. 그리고 그 말 끝에,

"언젠가 용기가 보니께 저 자식이 용희네 집에서 용희랑 둘이만 놀더라고 용기 어머니가 저놈을 의심한단 말여. 창자 빠진 놈, 그래도 사내자식이라고 계집애는 욕심나던가 부구만. 정신 차려! 남 못할 짓하지 말고…… 네까짓 게 가당이나 하냐?"

하고 소리지르니까 희순이가 방 속에서 자기 어머니에게 핀잔주다가 계모에게 머리채를 잡히고 얻어맞은 일까지 있었다.

그래서 동권은 사실을 알기 위하여 희순의 혼인날 그 집에 사람 없는 틈을 타서 겨우 용희에게 만나자는 뜻만을 통하니까 용희는 닷새 후면 자기 집에 아무도 없을 터이니 그 날 만나자는 대답이었다.

닷새 후에 그는 용희의 방에서 용희와 마주 앉게 되었다. 삼월에 이 방에서 만날 때는 까닭 모르게 기쁘기만 하더니 웬일인지 오늘 밤은 그 날과는 별다른 감정과 기분이 두 사람을 지배했다.

동권은 계모에게서 들은 말을 하고 그것이 사실이냐 물었다. 용희는 고개만을 까딱하여 보였다.

"그렇다면 용흰 왜 반대하나? 당자가 그만하니 용희도 행복할 텐데……."

"사랑 없는 결혼이라도?"

---

* 저사(抵死)하다 죽기를 각오하고 굳세게 저항하다.

"교제하노라면 사랑도 생기겠지."

"교제라구? 하고 난 나머지인데. 저 책은 누가 보냈기에? 저 혼자 미쳐서 사 보낸 것들이지."

"뭣? 교제랑 해 봤다구. 이것 봐라. 책까지 사 보냈다구? 용희도 무던하군. 어쩐지 내 짐작이 맞긴 했어. 편지 내왕도 물론 있었겠구만."

용희는 숙였던 고개를 들어 동권을 원망스럽다는 듯이 빤히 바라보다가,

"그렇게 비웃을 것까지 없잖아요? 어려서부터 알고 있었단 말이지, 편진 다 뭐야? 저 혼자 용기 이름으로 책만 보냈지."

하고 변명 비슷이 말했다.

"그만둬요. 그 입에서 그런 말이 나올 줄은 정말 몰랐어. 누구의 입으로 사랑이니 뭐니 해놓고 이젠 나더러 어떻게 하라는 거지?"

흘겨보는 눈에는 눈물이 괴었다. 동권의 가슴이 울렁울렁 흔들렸다. 그는 용희의 손을 잡았다.

"용희! 그럼 어쩌겠다는 말야?"

"그런 걸 다 물어요?"

용희는 잡힌 손을 살그머니 빼내면서 새침해졌다.

"용희, 전에도 한 말이지만 우리의 사랑은 현재 우리의 환경에 합당치 못하지 않아?"

"참 그것은 숙제로 두었지. 왜 불합당해요?"

"생각해 보면 알지 않아? 결혼할 수 없는 사랑이 아닌가베. 내 몸 하나도 변변히 처리 못 하는 위인이 어떻게…… 난 아무리 생각했자 열의 하나도 좋은 조건이 없으니……."

"결혼만 해야 좋은가? 사랑만 하면 되지."

"그런 막연한 말이 어디 있어? 결혼은 아니해도 사랑만 하면 그만이라는 사고 방식은 아예 하지 말아야 해. 늘 하는 말이지만……."

"그럼 어떻게 하면 좋아? 어머닌 이번 동기 방학에 그자가 나오면 혼인해 버리겠다고 지금 야단들인데."

"하하, 그렇게 급하게 되었던가? 단단히 욕심이 나시는 모양이군."

"참 기막혀 죽겠네. 난 죽으면 죽었지 그자와 결혼할 수는 없어."

"그렇지만 용희! 난 여기 있을 사람이 못 돼."

"뭐요? 그럼 어디로 가요?"

용희는 깜짝 놀라 동권을 쏘는 듯 쳐다보았다.

"글쎄 나야 어딜 가든지."

"그럼 나도 가지."

용희의 샛별같이 맑은 눈이 반짝 빛난다.

"될 말인가. 난 내 일이 따로 있어서 가는 거야."

"나도 같이 일하러 가지. 희순이도 시집으로 가면서 우린 언제든지 오빠가 하는 일에는 무조건 협력하자고 내 손을 잡고 그러든데."

"그렇게 일이란 쉽게 되는 게 아니야. 지금 내게는 한가한 결혼 문제보다도 더 절박한 문제가 있거든."

동권은 다시 용희의 손을 잡았다. 그리고 그에게 좀더 다가앉았다.

"난 용휠 애인보다도 한 동지로 생각하기 때문에 조금도 서로 떨어져 있고 싶지 않아. 그렇지만 정세가 허락하지 않는 데야 어쩌겠어. 만일 용희가 날 끝까지 사랑한다면 용희 스스로 자신을 개척할 수 있으리라고 생각하는데. 그렇지 않아? 용희!"

동권은 용희를 안아 보았다. 용희는 사르르 끌려왔다.

'내 일평생 사랑하는 용희! 이럴수록 난 어서 빨리 떠나야 한다.'

내일 떠나기로 결심한 동권은 금년의 처음 추위인 쇠끝바람에도 겁내지 않고 삼백 명 동료들의 노력으로 이루어진 하수도를 굽어보며 그 언덕을 걸었다.

초승달이 유달산 봉우리에 걸려 고향의 마지막 밤을 지내는 그의 가슴을 홀로 알아주는 듯이 내려다본다. 그는 팔짱을 끼고 천천히 뒷개로 향하여 걸어온다.

이 굉장한 하수도를 보는 자, 돈과 문명의 힘을 탄복하는 외에 누가 삼백 명 노동자의 숨은 피땀의 값을 생각할 것이며, 죽교동의 이 높은 다리를 건너는 자, 부청의 선정을 감사하는 외에 누구가 이면의 숨은 흑막의 내용을 짐작이나 하랴.

동권은 이런 생각으로 흥분하여서 못 한끝에서 불어오는 바람이 찬 줄도 모르고 발을 돌려 정씨의 아내가 살고 있는 셋방 동창 앞에까지 왔다. 방 안에서는 정혜의 창가 소리가 들려왔다.

그의 아빠가 가르치던 메이데이의 노래였다.

동권은 이윽히 그 자리에 섰다가 발을 떼었다. 어린 정혜의 목소리를 모진 바람이 휩싸 지나간다. 그는 집 뒤 잔등에 올라 멀리 바라보았다. 검은 벌판은 가없이 열렸는데 정미장에 조는 듯이 서 있는 전등불조차 바람에 깜빡이는 듯하다. 그는 더 멀리 감옥 편을 바라보았다. 크고 두려운 함굴이 있는 곳이나 같이 컴컴하고 음침한 기운이 떠돌았다.

"저 속에는 나의 오직 믿을 수 있는 지도자가 그의 모든 자유를 잃고 갇히어 있구나. 당신은 아내와의 면회 때도 내 안부를 물었다구요. 전 이제 떠나갑니다. 그러나 당신이 출옥할 때쯤은 꼭 즐겁게 맞으러 돌아오겠습니다. 그동안 부디 안녕하십시오."

그는 암흑에서 주먹을 들고 약속했다. 눈발이 펄펄 날리기 시작했다.

그 이튿날 첫눈은 거리와 산과 들에 고르게 내리며 쌓이는데 용희는 한 장의 편지를 받았다.

모든 객관적인 정세가 나를 이 곳에 머무르게 하지 않으므로 나는 이곳을 떠나고야 만다. 사랑하는 사람을 두고 떠나는 나도 종시 사람인지라 어찌 한 줄기의 눈물이 없을까마는 나는 보다 뜻있는 상봉을 위하여 떠나는 것이다. 용희가 참으로 나의 뜻을 알고 나를 사랑한다면 자기 스스로 모든 장애를 돌파하고 자체를 개척하여 나아갈 수 있는 용기를 가진 여성이라고 나는 믿고 있는 것이다.

　부디부디 굳세게 살아 다오 .

1931. 12. 13
떠나는 동권

최정희

지맥

지맥

아무래도 나는 아이들 보는 데서 짐을 정리할 수가 없었다. 설주는 그래도 내가 타이르고 달래고 하면 혹 그런가 보다고 곧이듣는 일도 있겠지만, 형주만은 그 약삭빠르고 눈치 빠른 것이 세간 전부를 뒤져 내놓고 서두르는 것을 보더라도 벌써 저희들한테 내가 서울 가서 아기인 형과 소꿉놀이 장난감을 사 가지고 곧 돌아온다 한 말이 거짓이라 알 것이고, 그렇게 아노라면 그 아이는 내게 어떤 슬픈 질문을 들이댈지, 또 나는 그 질문에 얼마나 가슴 아파야 할지 모르므로 나는 미리 그런 비극을 피하기 위해서 형주를 먼저 동생네 집에 데려다 두고 설주를 방 아랫목에 재워놓고 세간 정리를 시작했다. 세간 정리라기보다 과거 팔 년간의 내 생활의 기록을 거두기 시작했다.

다 거둔대야 얼마 못 되는 것들이었다.

고리짝 두어 개와 책상, 책들을 넣은 궤짝, 남편이 입던 옷, 아이들 옷, 내 옷가지가 들어 있는 작은 농짝 한 개, 보꾸러미 몇 개, 김칫독, 장독 몇 개와 부엌에서 쓰던 약간의 그릇 —— 이런 것들 외엔 다른 것

이 없었다.

　말하자면 대단히 너저부레한 것들이었다. 그러나 내게 있어선 그 너저부레한 것들이 귀한 것이었다.

　칠팔 년 동안을 나와 낯이 익고 내 손때 묻은 것들이었지만 그보다 더 소중하고 한 시각을 떼어놓을 수 없는 아이들까지 버리고 가는 몸인 것을 깨닫고 아쉬운 대로 내가 가지고 떠날 것 이외의 것은 전부 주섬주섬 싸고 동이고 한 후 동생한테 팔아 버리든가 누구를 주어 버리라고 마루에 들어 내다놓았다.

　세간을 다 들어낸 방은 몹시 허전하였다. 내 여장인 고리짝 한 개가 밝지 않은 전등 아래 유난히 덩그렇고, 아랫목에 자는 설주의 모양이 한결 호도도해 보였다.

　허리를 꾸부리고 벽을 향해 돌아누웠는 모양이 매우 추운 듯해서 나는 헌 잡지, 신문, 휴지쪽들 —— 짐을 꾸리고 난 뒤에 남은 모든 것들 —— 을 한 아름 안고 부엌에 나가 한 단 넘어 남은 장작을 죄다 대어놓고 불을 지폈다.

　쉽게 안 댕기던 장작이건만 불쏘시개가 많은 탓인지 수월히 훨훨 붙으며 시뻘건 불길이 무서운 짐승의 혀끝같이 날름거리는데 그것이 내 전신을 아궁이 속에 삼키려는 것 같아서 무서웠다. 솥의 물도 이내 끓어 번져서 소리와 불길이 한데 나를 위협했다. 나는 부지깽이를 집어던지고 허둥지둥 방으로 달려들어왔지만 널름거리는 불길은 끊이지 않았고 끓어 번지는 물소리도 여전히 들렸다.

　"내가 왜 간다구 했을까?"

　나는 또 이렇게 중얼거리며 뉘우쳤다.

　이것은 결코 처음 있는 일이 아니었다. 친구의 동생의 친구의 형인 서울기생 김연화 집에 침모 겸 그 집 살림 전부를 맡아 보기로 하고 한 달에 월급 십오 원씩을 결정하던 날부터 보름 넘어를 날마다 떠난다고 하면서 못 떠나고, 하루에도 몇 번씩 마음 속에 혼자 부르짖곤 하던 말이었다.

아이들의 자는 양에도, 노는 모양새에도 대수롭지 않은 대화에도 —— 어쨌든 나는 이런 작은 변화에까지 가슴이 금방 터지려는 화산같이 뒤틀리며 마음의 균형을 잃고 어릿광대질을 해온 것이었다. 친구는 내게 남의집살이를 가거니 생각 말고 내 생활의 재출발을 도모하는 좋은 기회로만 알면 그만 아니냐고 용기를 돋아 주는 것이나 나는 도무지 용기가 생기지 않았다.

내가 언제부터 이렇게 세상이 두렵고 용기가 없었던지 모르겠다.

동경 M대학에 학적을 두었을 때는 나는 물론 문학을 해 보려고 마음 먹었다.

하늘을 좋아하고, 지평선을 넘어서 그 너머에 있는 아름답고 꿈 같은 세상에 언제고 한번 가 보고 싶어하던 —— 스물도 못 되는 낭만의 처녀였던 것이다.

그러나 예과 2학년 여름 방학에 귀성했을 때 친구의 소개로 어느 독서회에서 죽은 남편 홍민규와 알게 되면서부터 문학보다 정치를 알고 사회를 아는 것이 긴급한 문제 같아서 나는 여름 방학에 귀성한 채 다시 동경을 건너가지 않고 홍민규라는 씩씩하고 건장하고 믿음직한 청년에게 정치를 배우고 사회 과학을 읽는 일에 정신을 쏟았다.

그래서 셰익스피어, 톨스토이, 체호프, 모파상을 제쳐놓고, 홍민규가 읽었다는 책이면 무엇이나 아무리 어려운 것이더라도 읽으려 했고 또 읽었다.

의미를 통할 수 있어서 읽었는지 모르나 그 어려운 사회주의 이론, 노동조합 조직론 등 어쨌든 그 시대의 가장 진보적 서적을 다는 몰라도 읽을 만큼 읽어서 누가 노동 조합 문제를 말하고 사회주의 이론에 관해서 운운하면 나는 얼른 알아들었고 또 몇 마디씩 참견하기도 했다.

이러한 사실이 민규에게 큰 놀라움이자 기쁨이었던 모양으로 그는 내가 동경 들어가는 것을 극력 말리곤 나에게 돈의정* 자기 하숙방에서 작은 살림을 시작하자고 했다.

나는 물론 그의 말대로 학교에 안 갈 것과 그와 살림을 시작할 것을 승낙했다. 어머님의 반대나 남의 웃음이 문제가 아니었다. 세상이야 어떠하든간에 그가 있으므로 기쁘고, 그를 도와 주는 것이 내 유일의 즐거움이었다.

뒤를 이어 꼬리를 물고 일어나는 재난 —— 남편이 옥에 가고, 남편의 아내가 찾아와서 해괴스레 굴고, 친정어머니가 돌아가고 생활 곤란이 심하고 했으나 나는 낙망하지 않았다. 세상이 모두 내 마음대로 될 것 같았다.

그러기에 남편이 그의 아내와 정면 해결을 하고자 서울 우리의 작은 살림을 대구로 옮기자고 할 때에도 나는 내가 가장 무서워하고 꺼리고 하는 그의 아내가 있는 대구로 간다고 했고, 대구에 가서의 파란곡절은 말이 아니었으나 나는 그가 죽지 않고 있는 날까진 그의 아내로 아이들의 행복된 어머니로서 당당히 살아왔다.

그러나 남편이 금방 숨이 지면서부터 나는 세상에 가장 불행한 운명의 소유자인 것을 알았다.

남편이 죽던 날부터 나는 헌신짝같이 하잘것없는 여자가 되었다. 세상의 도덕이 나를 버리고 인습이 나를 버리고 법규가 나를 버렸다.

남편이 살아서 그처럼 무섭고 싫어하던 큰마누라는 당당히 남편 시체 앞에 머리를 풀어 헤치고 욱실득실 모여든 일가친척들에게 아주 자긍스런 자세로 남편의 죽음을 혼자 서러워하는 체, 남편이 살아서 자기를 싫어한 것은 전연 내 탓이라 나를 조소하고 힐난을 했으나 나는 거

---

* 돈의정(敦義町) 서울 돈의동을 일제 강점기 당시 부르던 이름.

기에 대꾸할 아무런 용기도 없었다.

또 남편이 세상을 떠나고 스무 날 만에 남편의 부친, 즉 시아버지가 뇌일혈로 돌아갔을 때에도 그는 내가 혹시 탐내는가 싶었음인지 재산 전부를 자기 앞으로 넘겨놓으며 호기를 피웠으나 나는 또 아무런 말도 할 자격이 없었음을 알았다.

그것도 그러려니와 조수와 같이 밀려드는 생활 위협을 면해 보려고 남편이 돌아간 후 직업을 구하려고 했으나 그것 역시 남의 등록 없는 아내라는 탓으로, 다시 말하면 나를 증명해 주는 관청의 공증이 없는 까닭에 나는 보통 학교 촉탁에서, 학원 선생에서, 회사, 은행 사무원에서 다 거부를 당했다.

그러므로 내게는 팔 년 전 시꺼먼 남학생들과 한 교실에 글을 배우며, 하늘을 좋아하며 지평선 너머의 신비한 세상을 생각하던 꿈도, 자본론, 노동조합 조직론 등 어려운 책을 읽어가며 내가 생각하는 좋은 세상이 쉬이 올 것 같은 희망도, 모든 고난을 대항하던 용기도 다 없어졌다.

내게 옛날과 같은 무엇이나 할 수 있을 것 같은 용기와 능력이 조금이라도 남아 있다면 나는 그다지 아이들을 두고 떠난다는 사실이나 기생의 침모로 간다는 사실이 병적으로 싫고 무섭지 않았을 것이다. 아무래도 나는 서울 가서 아이들을 쉬이 데려갈 것 같지 못하고 취직이 쉬이 될 것 같지 않은 예감이 들기만 하고, 기생집에서 기생의 뒤추배질 하는 초라한 내 꼴만이 눈앞에 선할 뿐이었다.

밖에서 들어온 탓인지 방은 더 한층 휑하니 넓은 것 같고, 방이 넓은 까닭에 설주의 누운 양이 한결 더 오똑했다.

나는 그 오똑한 양을 도저히 그저 볼 수 없었다. 무슨 일이 있더라도 그들 앞에 눈물을 안 보이려던 내 신조가 그만 깨어지고 말았다.

아이의 이마며, 뺨이며, 엉덩이며를 전부 눈물 속에 더듬어 어루만져가며 나는 어린아이같이 엉엉 크게 울었다.

"엄마 와 그러노?"

설주는 벌떡 일어나 앉으며 눈이 둥그레졌다. 나는 당황하지 않을 수 없었다. 아무것도 아닌 듯이,

"아냐, 지금 엄마가 불을 때서 그래."

하고 대답했다. 그래도 설주는 믿을 수 없다는 듯 황소 눈같이 벌려 뜨고 입을 쩍쩍 벌리며 눈물을 삼키는 내 얼굴을 말끔히 쳐다만 보는 것이었다.

"설주야 자자, 응."

나는 또 한마디 목멘 소리를 했다. 설주는 내 말에 대꾸하려 아니하고 여전히 내 표정을 살피다가,

"엄마 울었제?"

하는 것이었다.

"울긴 왜. 불을 땠더니 그래."

"……."

설주는 말이 없으나 어쩐지 눈에 눈물이 글썽해진 것 같았다.

"설주, 엄마가 네 밤 자구 안 와두 잠자쿠 있어요, 응."

나는 그들에게 네 밤 자고 온다고 거짓말한 것이 가슴 아파서 이렇게 말했다. 설주는 이 말을 어떻게 받아들였는지,

"정거장에 가 기다릴 테라."

하고 나왔다.

이것은 더 딱한 일이 아닐 수 없었다.

나는 금방 정거장에 오들오들 떨고 섰는 그들의 작은 모습이 보여서 그의 머리맡에 놓인 장난감 상자를 만지작거리며 한참 울음을 잔즐군 후,

"엄마가 과자랑 장난감이랑 많이 사올 테니 정거장에두 나오지 말아

요, 응. 정거장에 나갔다가 누가 붙잡어감 어떡해."
하고 타이르듯 말한즉,
"엄마, 참말 네 밤 자구 올락카나?"
하는 것이었다.
"엄마가 인제 서울 가서 형아랑 너랑 데려갈 테야."
"은제? 네 밤 자구?"
"글쎄! 엄마가 편지할 때까지 기다리면 돼."
"하마, 엄마가 네 밤 자구 온닥칸 거 거짓말이구나."
"그래."
나는 바른대로 대답하는 수밖에 없었다.
"엄마!"
"왜?"
"나 순이네 집에 안 있을란다."
"왜?"
"순이 가스내가 못됐다이까. 난 참말 안 갈 테라."
나는 목에 생선가시 걸린 것처럼 목을 길쭉이 빼든 채 말을 못했다.
"엄마, 난 형아캉 있을란다."
설주는 다시 똑 잘라 말했다. 큰 문제가 아닐 수 없었다. 어지간하면 제가 있기 원하는 데 형주와 함께 있게 했으면 내 맘도 덜 죄이고 좋으련만 동생한테 형주 하나를 맡겨놓은 것도 여러 번, 오히려 설주를 맡기려는 순이네 집보다 더 고려를 하고 다시 한 것이었다.

동생의 남편이 봄부터 보통 학교 훈도를 아주 그만두고 몸져누운 것이 아무 날도 차노가 없으므로 집안에 경황이 없을 뿐 아니라 가세도 넉넉지 못하고 또 그 위에 시어머니가 있어서 형주까지도 순이네 집에 맡기려고 했는데, 순이네 집 역시 회사에 다니던 남편이 실직된 후로 그 아내인 보통 학교 훈도의 월급 오십팔 원으로 생계를 이어가는 형편이니 둘씩 맡길 수가 도저히 없었다.

"설주, 너 왜 순이네 집에 간다구 그러더니 그래?"

"엄마가 네 밤 자구 온닥카이 그랬지라."

나는 할 말이 없었다. 묵묵히 앉아 있다가 다시 몹시 낮은 목소리로, 그러나 좀 위엄 있게,

"설주 너는 서울 가는 거 안 좋아? 서울 가서 학교에 다니면 얼마나 좋을 텐데 그래?"

"서울 가면 보통 학교 가나…… 엄마 참말이가?"

"그럼."

"그런데 순이 고 가스내가 나캉 형아캉은 보통 학교 몬 댕긴닥 하데."

"왜?"

"아버지가 없어서 안 된닥카더라."

어른들이 하는 이야기를 순이는 듣고 아마 무슨 척이 날 때면 설주를 곯려 주느라고 한 모양인데 나는 이 가슴 아픈 그의 말을 어떻게 받아들여야 할지 몰랐다.

나는 아이 앞에 얼른 돌아앉으며 아이에게 잔등에 업히라고 손짓했다. 아이에게 내 얼굴을 보이지 않으려 함에서였다. 아이는 아무 영문을 모르고 등에 덥석 업혔다. 내가 왜 저를 업는지 아이는 매우 궁금한 양이었으나 말은 없었다.

나는 방 안에서 몇 번 왔다 갔다 하다가 자꾸만 얼굴이 달아오르고 전신이 화끈거려서 아이에게 씌우고 싸고 한 후 마당에 나갔다. 불을 땔 적에 안 보이던 흰 달이 마당 복판에 차게 떨고, 바람이 싸르륵 울타리 수숫대를 거쳐서 지나갔다.

나는 아이 업은 내 우스꽝스런 그림자를 밟으며 마치 미친 사람과도 같이 말없이 장시간을 왔다 갔다 거닐었다.

설주는 이러한 내 행동거취와 또 내가 저를 업어 주는 이유를 알고

싶다는 듯, 자못 의아스런 어조로,

"엄마 와 나 업는기요?"

하고 물었다.

나는 이유를 바르대로 가르쳐 주지 못했다. 설주가 한 여러 말, 순이네에 가 있고 싶잖다는 말, 아버지가 없어도 보통 학교에 다니느냐는 말이 괴로워서 업었다고 안 하고,

"내가 업고 싶어서 업었다."

고 대답했다.

그랬더니 설주는 궁금하던 것, 의심스럽던 것이 죄다 풀린 모양으로 거기 대한 말은 다시 없고 ——,

"추분데 들어가자 그마."

하곤 내 등에 머리를 파묻으며 엎드려 버렸다.

방에 들어가더라도 아이가 곧 누워서 잤으면야 문제없지만 아이는 또 무슨 말을 할지 모르므로 나는 여전히 그림자를 밟으며 걷고 있었다.

마당 복판에 흰 달도 어느 새 옆집 오동나무 엉성한 가지 너머로 희미해지고 난데없던 검은 구름이 갑자기 쭉 퍼졌다. 내 우스꽝스럽던 그림자도 없어지고 바람이 싸르륵싸르륵 더 매서웠다.

설주는 춥고 또 어두운 밤이 싫었던지 더욱 등에 거머리같이 찰싹 들러붙으며 방에 들어가자고 했다. 방에 들어가 내려놓자 설주는 이내 잠이 들었다.

나도 한잠 자려고 그 옆에 아이의 손목을 꼭 잡고 누웠으나 잠이 오지 않아서 천장과 방 안에 놓인 처량한 물건들, 설주 머리맡에 놓인 장난감과 가지런히 놓인 나 없는 사이에 입을 한 벌 옷과 윗목에 댕그라니 놓인 내 짐짝을 살피고 있으려니까 벌써 시계가 네 시를 친다.

나는 가슴이 덜컥 내려앉았다. 한 시간만 하면 떠나가야 할 시각! 비

참한 최후를 맞는 사람과도 같은 마음을 잔즐구며 살며시 일어나 머리를 빗고 그 밖에 다른 준비를 한 후 설주를 깨웠다. 늦게 든 잠이 곤할 것인데 아이는 겁결에 곤두박질해 일어나며,

"엄마 가나? 난두 정거장에 갈란다."

하는 것이었으나 정거장에 아이를 떨어뜨리고 나 혼자 훌쩍 떠난다면 가는 나나 남아 있는 아이나 피차에 못할 일이겠으므로 순이네 집에 가 있으면 엄마가 정거장에 짐을 부치고 곧 돌아오겠노라고 달랜 다음 머리맡에 놓았던 한 벌 옷과 장남감 상자를 아이에게 들려주었다.

어둠이 아직 서려 있는 밤길을 응당 내가 데려다주어야 할 일이지만 아이를 떨어뜨리고 돌아설 때를 피하기 위해서 어금니를 악물고 아이 혼자 보내기로 했다.

아이는 양쪽 옆구리에 하나씩 끼고 일어서서 허청허청 문 앞쪽으로 걸었다.

여느 때 같으면 아무 불평 없이 어른의 말을 듣는 양이 그저 대견하기만 할 텐데 엄마가 정거장에 짐을 부치고 돌아오려니 하고 아무 말 없이 나가는 양을 나는 차마 볼 수가 없었다.

달이 숨자 곧 눈이 내리기 시작했던 모양으로 밖은 어느 새 마당이 하얗게 눈으로 덮여 있었다.

설주는 마루 아래 내려서서 흰 눈이 덮인 마당에 고양이발 같은 작은 발자국을 조롱조롱 지으며 삽짝문 밖으로 사라졌다. 나도 말이 없고 저도 말이 없었다.

저는 어째 한 번 돌아다보지도 않고 그냥 가버렸는지 모르나 나는 몇천 번을 부르고 몇만 번을 부르고 싶은 것을, 아니 그보다도 눈 위를 아장아장 걷는, 옷보퉁이와 장난감 상자를 끼고 나가는 설주의 회색 맵시를 부둥켜안고 뒹굴고 싶었다.

정거장엔 동생과 순이 어머니가 벌써 나와 있었다.

동생은 나를 보자 이내 입을 비죽비죽 눈물이 글썽해지며 외면을 했다. 나는 동생한테 어제저녁에 데려다 준 형주의 이야기가 듣고 싶고, 순이 어머니한테는 금방 떠나간 설주의 이야기가 천년같이 궁금스러웠다.

　그렇지만 나는 그저 서 있는 것도 자칫하면 울음이 폭발될 것 같아서 큰 숨을 여러 번 쉬며 아득한 산, 아득한 먼 데를 바라보기만 했다.

　"그렇게 하라구, 호적 등본을 사용해 보란 말이야."

　이것은 전에도 친구가 내게 한번 권해 보던 말이었다. 서울에 있는 내 호적, 아직 결혼 안 한 처녀대로, 돌아가신 아버지 어머니의 딸로 그냥 있는 호적 등본을 사용하여 다시 또 한 번 처녀 행세를 해서 직업을 구해 보라는 것인데, 나는 두 해를 두고 생활난을 받으면서도 그렇게 하지는 않았다.

　"고집을 세울 것 없어요. 그깐 놈의 세상을 좀 속이구 살면 어때."

　"속이구래두 잘 살 수 있다면 모르지만."

　"우선 보통 학교 촉탁이나 학원 선생을 하드래두 생활은 그대로 해 나갈 수 있잖어."

　"언제까지?"

　"하는 때까지 해보지 뭐."

　"안 될 말이야. 그건 비극을 또 한 개 지어내는 것밖에 안 돼. 법률이 인정하지 않는다 치드래도 나는 이미 남의 아내였구 또 현재 당당한 어머닌데 어떻게……."

　"그게 고집이라는 거야. 제발 좀 그 고집을 집어치워요. 글쎄 그렇게 한다고 어머니가 못 될 거 어디 있수."

　"고집이라면 고집일지 모르지만 아무리 살기 위해서의 한 개의 수단이라 치드래두 그건 결국 내 자신을 속이는 것이 되구 마니까. 혹 당신 말대로 그런 방법을 써서 생활난을 면한다구 하드래두 밥을 굶는 이상으로 괴롭다면 안 하는 게 오히려 낫지 않겠어?"

친구는 다시 말이 없고 경성행 열차가 꺼먼 연기를 뿜으며 닿았다. 언제 어디서나 그렇지만 차가 닿자 여러 사람들은 매우 분주하게들 차에 올랐다.

나도 그 사람들 속에 그 사람들과 같이 분주히 차에 올랐다. 오르자 얼마 안 되어 차는 움직였다. 나는 곧 창에 덧창을 내려 버렸다. 눈 내리는 날이 더욱 서글프기도 했지만, 차창 밖에 전개되는 그 아득히 넓은 눈세상에 고양이 발자국같이 작은 발자국을 지으며 가기 싫은 순이 네 집에서 짐을 부치고 돌아올 엄마를 기다리는 설주의 모양, 네 밤만 자면 엄마가 아기인형과 좋은 장난감을 사다 주려니 하는 형주의 모양, 차가 움직이자 어린애처럼 엉엉 울던 동생, 이러한 괴로운 그림자들이 눈에 밟혔던 까닭이다.

서울엔 정오가 훨씬 넘어서 내렸다. 서울 하늘도 흐리고 서글프게 눈이 퍼부었다. 나는 역 앞에서 인력거 한 대를 잡아타고 낙원정 ××번지 김연화의 집을 찾기로 했다.

"어딜 가시랍쇼?"

나는 친구가 적어 주던 종이쪽을 인력거꾼에게 주어 버리려다가 —— 전에 어릴 때 종종 거리에서 주소 적은 종이쪽을 들고 남의집살이를 가는 허줄한 여인네들이 그 행방을 묻던 일을 본 일이 있어서 꼭 그 허술해 보이던 그 여자들과 같기도 한 것 같아서 쪽지는 내어 안 주고 말로 일러 주었다.

인력거꾼은 내 말이 떨어지자 속짐작이 있는 듯 하얀 길을 껑충껑충 뛰기 시작하고, 나는 흔들리는 인력거 안에 작게 뚫린 구멍으로 반겨줄 사람 하나 없는 서글픈 고향의 거리를 살피며 팔 년이란 세월이 짧지 않음을 깨달았다.

그 동안에 내게 일어난 변화 못지않게 고향의 거리도 달라져 있었다. 내가 서울을 떠나던 때 없던 교통 신호대가 거리거리에 서 있고 웅장한 건물들이 휘황했다.

고향이 찬란하게 단장하는 사이에 나는 이렇게 처참한 꼴을 하고 고향에 돌아오는구나 —— 혼자 속으로 이렇게 중얼거리고 있는데 인력거는 어느 한곳에 멈춰 섰다.

"다 왔는뎁쇼."

인력거에서 내린 나는 꼭 나쁜 짓 하려는 사람처럼 가슴이 두근거렸다. 그런대로 김연화라는 문패가 붙은 대문 안으로 머리를 약간 들이밀고 주인을 찾았다.

그러나 주인 찾는 소리가 너무 작고 떨려서 나 자신도 그 소리가 내 소리 같지 않게 들렸다.

나는 다시 몇 번 역시 떨리는 소리로 불러 보았다. 그제서야 안에서 작은 계집아이가 중문을 빠끔히 열고 누구를 찾느냐고 묻는 것이 심부름하는 아이인 듯 보였다.

"너 이 댁에 있는 애냐?"

"네, 그렇습니다."

아이는 영남 사투리로 매우 겸손하게 대답해 주었다. 나는 그 겸손한 태도보다 그 아이의 말씨가 반가웠다. 형주나 설주의 말소리를 듣는 듯했다.

"아가, 이게 김연화 씨 집이냐?"

"네, 그런데 어디서 오싱능기요?

"쥔댁 안 계시냐?"

"네, 엊저녁에 나가셨는데 안 들어오싱구마! 그런데 어디서 오싱능기요?"

"대구서 왔어."

"아이고 대구서요? 정말 대구서 오싰능기요. 나두 대구서 왔습니더."

아이는 몹시 반가운 모양이었다.

"대구서 어찌 오싰능기요?

"쥔댁이 뭐라구 말이 없던?"

"뭐 말잉기요? 대구서 침모가 온닥카디 안즉 안 왔구마."

"나야."

"……?"

계집아이는 의아한 시선으로 내 전신을 훑어보고 난 뒤 우선 안으로 안내하더니 다시 돌아서서,

"참말잉기요…… 아인 상싶구마."

했다.

나는 대답 대신에 그에게 웃어 보이는 수밖에 없었다.

그 아이가 안내하는 건넌방에 나는 작고 초라한 그 아이의 이불인 듯한 것과 또 그 아이의 허술한 것들이 어즐부레하게 널린 것을 두루 살피며, 다못 얼마라도 다른 데 직업을 구하기까지는 이 을씨년스런 방에 있어야 할 것을 생각하니 마음이 쇳덩어리같이 가라앉았다.

어릴 적 아버지를 따라 시골 일갓집에 가서 집이 그리워 잠을 못 이루고 일갓집 낯선 방과 벽과 천장들이 그저 서글프게만 뵈던 때보다 더한 심정이었다.

그러면서도 나는 김연화가 돌아오기를 기다려 귀를 대문 밖에 기울이기를 잊지 않았다. 바람에 대문이 삐이꺽 할 때마다 몇 번을 우뚤우뚤 놀랐는지 몰랐다.

김연화는 밤 열두 시가 지나서야 돌아왔다.

"문 열어라."

바람소리와 함께 들리는 갈가리 찢긴 음성, 나는 그것이 확실히 김연화의 소리라 알았을 때 얼마나 낙망했는지 몰랐다.

소리로 그의 성품을 알고 교양을 알게 되었던 것이다.

김연화가 제 방에 들어가기까지 나는 그 여자에 관한 일체를 귀로 알려고 했다. 그러고 있는데,

"왔으면 건너올 거지…… 일루 건너오라고 해."

라는 역시 찬물을 끼얹는 듯한 싫은 소리가 들려오는 것이었다.

아마 계집아이가 내가 온 것을 이야기한 모양이었다. 계집아이가 건너오기 전에 건너갔다.

미닫이를 열자 고쟁이 바람으로 경대 앞에서 화장을 지우던 김연화는 나를 한 번 흘낏 보자 다짜고짜로,

"그 빌어먹을 년이 미쳤던가. 얌전한 사람 하나 얻어 보내랬더니 저런 하이칼랄 보냈구먼. 아이 참 속상해 죽겠어."

나는 이 모욕적 언사에 어떻게 대꾸를 해야 할지 몰라서 어리둥절해 있을 수밖에 없었다. 김연화는 이러한 내 태도를 또 어떻게 해석을 했는지,

"아니 그래 남의집살이를 온 사람이 히사시개밀 하고 야단이니…… 여보 어디 당신 부려먹겠소."

하는 것이 아닌가.

친구가 내게 해 준 이야기를 들어보면 김연화는 기생이라곤 해도 요새 햇나기로 까불고 모양내고 그저 아무런 비판 없이 웃음을 팔아 남자들의 돈만 빼앗아내려는 기생들과는 달라서 교양 있고 춤 잘 추고 소리 잘하는 서울에도 몇째 안 가는 고급 기생으로 본래 심성이 좋을 뿐 아니라 나이가 삼십 고개를 넘자니까 인생의 쓴맛 단맛을 다 알 수 있는 좋은 기생이라 했으나, 교양이란 말을 차마 붙일 수 없는 김연화의 말과 행동을 본다면 무엇이 교양이고 성품이 좋으며 세상을 아는 것인지 알 수 없었다.

원래 기생의 교양이란 그런 것이고 성품이 좋다는 기생이 그런 것인

지는 모르나 참 언어 도단이 아니랄 수가 없었다.

나는 개 곶감 먹은 입같이 입맛만 다시어질 뿐 말이 안 나와서 뭐라든 말든 건넌방으로 건너와 버리고 말았다.

날이 밝으면 떠날 예산에서였다. 그러나 밝은 아침을 기다려 정작 떠나려고 한즉 김연화는 제가 밤새껏 사내들한테 시달려오고 나면 자연 신경질이 되어지는 것이라고, 자기가 전날 저녁에 한 일을 뉘우치므로 나는 그만 주저앉았는데 김연화는 정말 제 말과 같이 사내들한테 밤늦게까지 시달려서 그러는지는 모르나 어쨌든 내가 자기 집에 있는 동안 종종 예의 그 갈가리 찢긴 음성에 무교양한 언사를 써가며 그것도 나한테 직접 하는 일은 없고 행랑어멈이나 심부름하는 아이를 빙자해가며 욕설을 퍼붓는데 그럴 때마다 어안이 벙벙해질 뿐이었다.

—— 팔자가 기구한 년이라 부리는 년한테까지 눌리어 산다는 둥.

—— 남의 집을 사는 꼴에 아니꼽게 책은 웬 책이며 책을 들고 앉음 누가 크게 무서워할 줄 아느냐는 둥.

—— 옷이 됐으면 왜 제 손으로 못 건네다주고 계집애년만 시키는 거냐, 안방에 송장이 썩는다더냐, 똥이 들어찼다더냐는 둥.

이 밖에도 김연화는 내가 심부름하는 아이를 아침마다 머리를 빗겨주고 내 버선을 줄여 신기고 나와 한자리에 재우고 하는 일 등이 목에 생선가시같이 아픈 모양이었다.

내가 심부름하는 아이에게 가는 마음이란 기생 김연화 앞에 밤낮 콩 볶이듯 달달 볶이는 어린 모양이 가엾고 또 그 아이가 하는 말, 아버지가 돈 십 원을 받고 보내온 후 도망가고 싶은 마음이 몇백 번 있었는지 모르지만 기차 탈 돈이 없고 어떤 기차를 타는지 몰라서 매일같이 대구 하늘이 어디쯤 되나 하고 하늘만 쳐다보며 지내왔다는 것이 가엾었던 까닭이고, 그리고 다림질한 옷이거나 새로 지은 옷이거나 내 손수 안방에 들고 가지 못한 것은 사흘이 멀게 갈아들이는 사내가 자던 방이라 생각하면 그 방에 건너가기는 고사하고 그런 방과 한 지붕 밑에 붙은 방에 사는 것이 근지럽고 그의 옷 매만지는 것조차 께름칙하고 치욕 같아서 하루바삐 자리를 바꾸려는 마음이었던 것이다.

그렇지만 남의 일을 맡아하는 이상 어쩌는 수가 없어서 나는 그가 매일같이 입는 호화스런 옷치장을 그야말로 눈코 뜰 새 없이 해 들여댔다.

기생 옷은 아이들 옷과 마찬가지로 잘 더러워졌다.

술 먹은 사내들과 붙안고 비벼대고 해서 회색이나 고동색 등의 것은 매일 빨아 짓지 않는다 하더라도 꼬깃꼬깃 구겨지므로 날마다 다려야 했고, 흰옷은 사흘이 멀게 빨아서 만져서 지어야 했다. 이렇게 하느라고 나는 실상 책 한 권 바로 읽지를 못했다.

내가 바쁜 틈틈에 혹 책을 들었다면 그것은 책을 읽기 위해서라기보다 피곤과 나 자신에 대한 환멸을 잊어 보자는 마음에서였을 것이다. 너무나 나약한 나, 너무나 주접사니 없는 나, 그날그날 닥치는 생활에 얽매여 자신을 썩은 개고기처럼 비지발 없이 굴리는 것을 생각하면 나는 내 몸을 칼로 푹푹 찔러도 시원치 않을 것 같았다 —— 더구나 아이들의 꿈을 꾸고 난 이튿날이면 나는 완전히 전신의 맥을 잃고 눈앞이 어지러워서 창문이 누렇게 씰룩거리기만 했다. 그러면서도 나는 한 달 넘어를 똑같은 생활을 하고 있었다.

"글쎄 괜히 속을 태우실 거 뭐란 말씀이에요?"

하늘이 몹시 푸르던 날 해 저물녘이었다. 이것은 내게 전부터 좋은 델 조처 못하고 왜 사서 고생이냐고…… 화신상회 같은 데 여점원으로도 좋을 것이고 또 그렇지 않으면 전남 부호로 큰 자동차 회사를 한다는 집에 가정 교사로 가도 좋지 않겠느냐고 두어 번 권해 본 일이 있는 행랑어멈이 내가 김연화와 맞장구를 기어이 치고야 말던 날 다시 권해 보느라고 한 말이었다.

전남 부호인 자동차회사 주인집에 삼 년을 행랑을 살다가 딸 계집애 하나를 기생에 넣고 김연화가 소리와 춤이 이름났다는 말을 듣자 정말 그런 집 행랑을 산다면 딸 동기가 기생 김연화로부터 소리나 춤을 배우는 바가 적지 않을 것이라 짐작하고, 자기가 삼 년이나 기분 좋게 살던 집을 나와 김연화 집으로 옮아 왔다는 이 행랑어멈은, 무지하지 않고 또 마음씨도 좋고 알뜰하고 돈만 있다면 남부럽지 않게 사내나 자식이나 제 몸을 좋이 거둬갈 여자로, 그는 내가 김연화의 뒤치다꺼리하는 일을 안타까우리만큼 걱정을 해서 며칠 전에도 김연화의 인력거가 문 밖에 사라지는 것을 기다렸다가 내게 전 주인 여자의 인품 좋은 것과 자기가 내 사정을 종종 가는 때마다 그 주인여자에게 이야기했던 까닭에, 그 전남 부호의 첩이라는 주인여자가 내게 대단한 호의와 동정을 가지고 가정 교사라기보다 친구 삼아 같이 와 있자고 한다는 말까지 했으나, 나는 하루바삐 아이들을 데려올 조처를 하는 것이 문제지 내 편리를 돌봐서 자리를 옮길 마음은 없노라고 말을 막아 버렸던 것이다. 그러나 김연화에게 당장 나갈 것을 선언한 이상, 제가 데려 들이던 사나이들과 내가 눈조화질 친다는 데는 견딜 수 없는 일이어서 그렇지 않아도 김연화와 맞장구질하는 때부터 나는 행랑어멈의 하던 말을 생각해 보지 않는 것은 아니었다.

"네, 참 좋아요. 마음씨가 꼭 침모아씨 비슷하니까요. 제발 좀 가세요. 지금이래두 가신다면 제가 가서 알아보구 오죠…… 가신담 여북 좋아하실까. 가엾어요. 먼제 남편한테 난 애가 못 잊어서 늘 우시군 하는데 참 볼 수가 없어요."

마음 어진 행랑어멈은 진실로 자기 일같이 내 사정과 그 전 주인여자의 사정을 살펴서 이야기하는 것이었다.

"몇 살이나 됐는데…… 본남편은 어떻게 됐기에?"

"글쎄 자세한 건 모르구요, 본남편이 있긴 한가부더군요. 쥔영감 육

춘아우가 거게 와서 있는데 그 사람 말을 들으면 본남편이, 지금 영
감이 이 색시가 맘에 들어 하는 눈치를 알아채군 슬그머니 어딜 피해
가더라나요. 그리고 돈을 수백 원 받아먹었다구 그러는데, 당자의 말
은 남편이 어딜 갔다구만 해요. 어쨌든 변변찮은 사낸 모양이더군요.
그 맘 존 솜씨에 뿌리치구 떠났을 적엔…… 접때두 침모아씨 얘길 했
더니 안됐다구 하면서 애들이 얼마나 보고 싶으랴구 그러더군요. 웬
만하면 애기들까지 데려다 같이 있으랄지두 몰라요. 영감만 말을 들
으면야 당장 그러자구 할 거예요. 그 아씨두 글재주가 있나부던데요.
늘 책을 보구 그러세요."

"영감이란 이는 늘 집에 있는가요?"

"아뇨. 분주해서 집에 있는 때가 적어요. 늘 어디루 댕겨오시더군요.
식구라군 얼마 안되죠. 영감 육춘아우 양반하고 큰마누라 아들하구
쥔아씨뿐이죠. 영감 육춘아우란 양반이 집안일을 전부 맡아 보지요.
아이를 가르칠 사람을 여러 사람이 청을 해왔는데 영감이 사내들은
마단대나요."

나는 행랑어멈의 말을 들어서도 그 전라도 부호의 첩이란 여자의 생
활윤곽을 대강 짐작할 수가 있었으므로 더 다른 것을 캐어묻지 않고 또
날이 자꾸 저물어지는 까닭에 물을 여가도 없었지만 행랑어멈을 시켜
서 청진정*에 있는 그 집에 보내기로 했다. 어멈은 갔다 얼마 안 되어
한 장의 봉투편지를 들고 왔다.

영애 어멈한테 말씀을 듣고 벌써부터 한번 찾아뵙고 싶었습니다마
는 이럭저럭 오늘까지 미루었습니다. 지금부터라도 누추한 제 집이
오나 와 계신다면 다행하겠나이다.

---

* 청진정(淸進町) 서울 청진동을 일제 강점기 당시 부르던 이름.

매우 간단하나 요령 있게 잘 쓴 편지였다. 나는 이 고마운 편지에 뭉쳤던 불안이 그만 사라지고 미지의 친구를 한시 급히 만나고 싶은 마음이 불현듯 일어났다.

그래서 곧 영애 어멈의 뒤를 따라 저문 저녁길을 걸어 청진정 그 집에 이르렀다. 그 여자는 내가 상상한 것 이상으로 편지보다도 더 요령이 있고, 영애 어멈의 이야기보다도 더 고왔다.

이름이 부용이라 하는데 용모와 자태가 맞는 이름이었다. 그런데 그 고운 몸과 마음에 영애 어멈이 이야기한 이상의 슬픔이 깃든 것을 나는 그 집에 가서 한 닷새 되던 날 비가 내리는 오후에 알아내었다.

부용은 아무 말 없이 내게 그림 한 장을 쥐여주곤 눈물이 글썽해지는 것이었다.

도화용지에 아무렇게나 그린 서투른 그림이었다. 나는 흰 도화용지에 크레용으로 쭉쭉 가로세로 갈긴 검정 비행기와 또 그보다 더 시커먼 비행기 아래 대포를 자꾸만 들여다보며, 부용이가 내게 그것을 보여준 의미를 알아내려고 무한히 애를 썼으나 아무리 봐야 무슨 영문인지 알 수 없었다.

이게 뭐냐고 얼른 물어 보아도 좋을 것이었으나 그렇게 두려운 표정을 지으며 쥐여준 그림이기에, 나도 거기서 부용과 같지는 못하더라도 그가 왜 두려워하는 까닭쯤은 알아내야 할 것 같아서 도화지를 몇십 번 들여다봤는지 모른다.

자꾸만 그렇게 들여다보고 있으려니까 부용은 또 한 가지 내 마음을 더 의아스럽게 할 것을 쥐여 주었다. 나는 이 여자가 무슨 장난을 부리는 것이 아닌가고 의심하면서 그 여자가 주는 둘째번의 봉투를 받아 읽었다.

그림과 같이 서툴고 또 말을 붙여 읽을 수 없는 글인데 떠듬떠듬 겨우 끝까지 읽어 본즉 그것은 내가 상상하고 예상했던 것과는 아주 다른 내용을 가진 글이요 또 그림이었다.

그러나 가장 슬픈 글이요 그림이었다. 나는 부용에게 무엇이라 할 말이 없어서 묵묵히 앉아 있을밖에 없었을 때 부용은 내 무릎 위에 마구 쓰러지며,

"형, 난 어쩌면 좋아요?"

하고 울어 버렸다.

정말 어쨌으면 좋을지 알 바를 모를 일이었다. 어쨌으면 좋겠느냐고 흑흑 느껴가며 우는 부용이도 한없이 슬프고, 또 비행기와 대포를 그려 놓고 그것과 함께 어머니한테 보내는 슬픈 편지, 아버지의 첩을 대포로 쏘아 죽인 다음 비행기를 타고 어머니한테로 빨리 가고 싶다는 보통 학교 5학년생인 열두 살 먹은 부용의 남편의 아들, 아이의 글과 그림도 나는 똑같이 슬펐던 까닭이다.

"인제 하는 수 없잖아. 운명이거니 하구 살밖에 없지."

부용은 내가 이렇게 말하자 내 무릎에서 벌떡 일어나며 얼굴을 바짝 추켜들고 그 검실검실한 눈에 눈물을 흠뻑 담은 채 다음과 같이 부르짖었다.

"—— 모두 내 죄예요. 내가 잘못했어요. 정말 대포로 쏴 죽일 년이에요. 아침에 그 애 방을 좀 치워 주고 책상 정리를 해 주려니까 글쎄 그 봉투가 서랍 속에서 나오는군요. 다른 데 하는 거라면 떼볼 리 있어요? 제 어미한테 하는 거라 떼어 봤더니 글쎄 그렇군요. 난 어떡하면 좋아요. 그것도 지난 밤에 영선이 꿈만 안 꾸었더면 그 애 방에 들어두 안 갈 텐데 밤새도록 영선일 안고 뺨을 맞추고 비비고 껴안고 하고 나니 이건 도무지 죽겠군요. 추운데 뒤꼍으로 앞마당으로 미친것처럼 서성거리다가 그 애한테래두 잘해 줘야 할 것 같은 마음이 생기겠죠. 그래서 뛰어들어가 방을 쓸고 책상을 치운다고 한 노릇이 그렇

게 됐어요. 난 죽어야 해, 죽는 수밖에 없어요."

"영선이란 건 누구요?"

"영선이요? 영선이요? 영선이가 시굴 있어요."

부용은 목이 메어 몇 번을 꺽꺽거리며 말을 이었다.

나는 부용이 누구라는 말은 하지 않아도 그 태도와 표정으로써 넉넉히 영선이란 아이가 시골에 두고 온 부용이가 난 아이라는 것을 알 수 있었다.

그것은 미리 영애 어멈 말도 들었으려니와 내가 아이를 낳아 보았고 또 아이를 길러 보았고, 그 아이들을 떼어놓아 보았기 때문이었다.

"데려다 같이 있을 순 없어? 몇 살인데?"

"다섯 살이라우. 어떻게 데려와요, 못 데려와요. 보구 싶어서 잠깐 뵈어 달래두 안 뵈주는걸요…… 지난 가을에두 하두 미칠 것 같아서 시굴 내려갔댔지요. 이틀이나 사람을 사이에 넣어 앨 좀 보게 해 달래두 안 듣는군요. 나중엔 염치를 버리고 내가 그 집엘 갔군요. 그랬더니 마침 아이 아버진 없구 아이 할머니와 새여편네가 있는데 저 할머니가 문 안에 들어서게나 하겠어요. 그러는대두 막 뛰어들어가 저 할머니 앞에서 뭐라 뭐라 지껄이는 아이를 달려들어 안았지요. 그런데 이놈의 아이가 글쎄 일 년이 겨우 넘었는데 나를 몰라보구 내가 암만 눈물을 닦고 정색을 하며 내가 엄마야, 엄마야 해두 비실비실 저 할머니한테루만 가는군요. 저 할머닌 아이가 그러니까 더 야단스레 무슨 염치루 왔느, 아이를 아주 죽이러 왔느냐구 소리소리 지르며 떨더군요, 글쎄 왜 그래요. 그놈의 아이가 왜 제 에미를 몰라본단 말이에요. 아이구……."

부용은 다시 방바닥에 쓰러졌다.

"다시 아이 있는 데로 갈 순 없어?"

나는 파도치는 그의 어깨 위에 손을 얹으며 물었다. 그는 머리를 흔들어 대답을 대신했다.

"아이 아버지가 잘못했다면서?"

"누가 그래요?"

부용은 벌떡 일어나며 이렇게 외쳤다.

"내가 죽일 년이에요. 내가 죽일 년이에요. 곤란을 참을 줄 몰라서 그랬어요. 돈만 있으면 사는 줄 알구 그랬어요. 돈이 무슨 필요가 있는 거예요. 내겐 영선이밖에 없어요. 아무것두 다 없어요. 이 지옥 같은 생활이 내게 왜 있는 거예요. 사랑하지두 않는 사람을 왜 따라왔는지 몰라요. 난 참말 이 생활이 지긋지긋해요. 모두가 거짓뿐예요. 하루하루를 살아간다는 것이 거짓을 쌓아가는 것밖에 없어요. 그러니까 난 대포루 쏴 죽여도 싸요. 그 애가 잘 봤어요. 그 앨 내가 진정 사랑해 본 일이 없구려. 밥을 안 먹구 학교에 가두 가슴 아퍼 본 일이 없구, 그 애가 병들어 눕는대두 아이 앓는 것은 둘째루 그 애가 죽으면 내가 잘못 서둘러서 죽었다구 하면 어쩌나, 그러면서두 오히려 그 애가 죽기나 했으면 하는 생각까지 하게 되니 죽일 년이 아니구 뭐겠어요. 그 앨 사랑하구 그 애 장래를 위한다구 하는 건 다 거짓말이요, 한구석엔 언제나 그 앨 미워하는 마음이 늘 꿈틀거리구 있어요. 그 맘을 없앨려구 끔찍이 노력해두 그게 안 돼요. 다른 아이라면 사랑할 수 있을 것두 같은데 그 애만은 그리 안 되는군요. 내가 낳지 않았더래두 사랑하는 사람의 자식이라면 그렇지두 않을 것 같아요. 영선일 대신해 그 앨 사랑해 보려구 그렇게 앨 쓰건만 안되는군요. 저 아버진 그래도 날보구 그 앨 시험공부 시켜 주라는군요. 시켜 볼려구 생각도 했지만 결국 거짓말을 더 하는 게 되구 말겠게 사람을 구하기루 한 거랍니다. 형, 난 어쩌면 좋수? 이 견딜 수 없는 마음을 뭣으로 채울 수 있을지…… 우리 영선이두 그 지금 있는 여자가 내가 그 앨 미워하는 것처럼 미워할까……."

부용은 말을 이을 수 없이 입에 경련이 생겼다. 긴장과 흥분에서 나는 그의 아픈 가슴과 경련이 더 심해가는 슬픈 얼굴을 쳐다보며 여기에도 한 개의 비극이 있었구나 하고 부르짖었다. 너무나 큰 비극임에 틀림없었다.

오래지 않아서 그는 아이를 낳아야 할 어머니로 배가 묏봉우리같이 불룩해 있었다. 사랑하지두 않는 사람의 아이를 얼마 안 있어 낳을 참이었다.

"형, 저하구 삽시다. 전 이 집을 뛰쳐나가겠어요. 형을 기어이 오시게 한 것두 그래서였어요."

한참 뒤에 부용은 아주 단정한 자세와 얼굴을 지으면서 내게 이렇게 말했다.

나는 이 급작스런 문제 제출에 어떤 답안을 내려야 할지 어리벙벙했다. 얼른 생각하면 하루라도 견디어 있을 수 없을 듯하고 또 한편으로는 하는 수 없이 그 생활을 계속할 것도 같고. 어쨌든 나는 부용을 위해서 최선을 다해야 할 것같이 생각되었다. 아름다운 그 마음 속에 뿌리 박은 아픔을 파내 주고 싶었다. 나는 다가오는 현실을 어쩌는 도리가 없을 것 같았다.

"결국 아이 낳기를 기다려서 아이를 기르고 아이가 자라는 걸 보면서 사는 수밖에 없을 거야."

이것은 어느 날 그의 죽은 듯이 조용하고 커다란 방에서 내가 그에게 한 말이었으나, 그와 나는 둘이서 몇 시간을 모든 소설에 나타난 슬픈 운명을 가진 여주인공을 이야기하고 또 그 밖에 내가 아는 수없이 많은 불우한 여자들의 이야기를 하고 나서 한 말이었다.

"그러다가 죽으란 말이군요?"

중등 교육을 받았고 또 자기의 과거를 뉘우칠 줄 알고 세상에서 가장 아픈, 아이를 떠나는 괴로움을 받고 그러고도 남보다 더한 쓰린 생활을 하고 책을 많이 읽은 부용은 나 이상으로 자기 앞에 벌어진 비극을 수습 못 할 것을 잘 알면서도 말해 보는 것이었다.

나는 부용이 너무 세상을 잘 알기 때문에 하는 말이거니 들어 버리고 대꾸하지 않았다.

대꾸가 없더라도 그는 또 내 마음을 알고 있었다. 둘이 십년지기와 같은 마음을 가질 수 있었다. 그러나 둘의 사이가 가까워가면 갈수록 괴로울 뿐이었다.

나는 부용의 마음의 아픔이 커가는 것을 보는 때문이고, 부용은 또 나의 해결 지을 수 없는 생활 문제, 아이들의 입학 문제를 잘 알고 있는 때문이었다.

“이렇게 하면 어떨까? 이 사람하구 갈라지면서 애는 길러줄 테니 애
　양육빌 달라면……!”

부용은 어느 날 또 이런 새 문제를 끄집어냈다. 아주 큰 발견이나 한 듯 벌떡 일어나 앉으며 외쳤다. 그러더니 부용은 일 분도 안 돼서 다시 시무룩해지며,

“안 될 거야, 자기가 싫다면 몰라두…… 전에 큰마누라는 위자료를 줘
　서 보낼려고 했지만…… 안 되지 안 돼. 밖에 못 나가게 지키느라구 육
　촌아울 갖다났는데…… 가정 교사두 남잔 안 된다구 했는데…….”
하는 것이었다.

결국 우리는 아무 날도 아무런 해결을 못 지은 채 세월만 흘러서 나는 아이들을 입학시켜야 할 시기가 닥쳐오고, 부용은 뱃속의 아이가 커가고 했다.

음력설을 지난 지도 훨씬 오랜 뒤였다. 나는 기어이 이상훈을 찾기로 했다. 이 사람 저 사람 남편의 옛날 동지들을 생각해 보았으나 그 사람들의 거처를 알 바 없었고 또 그들은 현재 나를 도와줄 만한 열과 힘이

없을지도 모른다고 생각되었다.

정말 그들의 전부가 그 많던 열과 힘의 전부를 가 버린 시대와 함께 흘려 버리고 오직 물거품인 몸뚱이 한 개를 주체 못해서 주린 개처럼 허둥거릴지 모른다.

그러므로 찾아서는 안될 이상훈을 찾기로 한 것이었다. 사실 나는 그가 어디서 어떻게 사는지를 잘 몰랐다. 전년 가을에 꼭 한 번 남편이 돌아간 것을 위로해서 편지해 준 일이 있고선 전혀 소식 없이 지냈다.

생각하면 내가 상훈을 찾는다는 것은 크게 거북한 일이 아닐 수 없었다. 문학 소녀이던 동경 시대 —— 셰익스피어, 체호프를 읽을 때 내 구름같이 피어나는 공상을 곱게 받아 주던 그를 나는 여름방학에 귀향한 후로 살림을 하고 아이를 낳고 남편을 죽이고 그리고 온갖 풍상을 겪느라고 편지 한 장 없이 소식 한 번 전한 일 없이 팔 년이란 긴 세월을 지내왔던 것이다.

작년 가을에 한 편지에도 회답을 못하고 있었다. 그렇다고 그를 그동안 아주 까맣게 잊어버린 것은 아니었다.

때로는 나는 그이 까닭에 외로워하고 그이 까닭에 멍청해서 시야의 초점을 잃고 하염없이 앉아 있는 일도 있긴 했지마는 남편이 살아 있을 때는 남편이 살아 있는 까닭에 그를 생각지 말자고 했고, 남편이 죽은 뒤에는 남편이 죽은 까닭에 그를 생각지 말자던 사람이다.

내가 해 저물녘 길을 미끄러지며 찾아낸 명치정* 98번지는 '고마도리'라는 찻집이었다. 전에 한 편지에 다방을 한다는 이야긴 없었지만 명치정 거리란 데가 다방 거리요, 또 그가 함 직한 일인 것 같기도 하기에 나는 '고마도리'라는 다방 앞에서 얼마 망설이지 않고 홀에 들어갔다.

---

* **명치정**(明治町) 서울 명동을 일제 강점기 당시 부르던 이름.

심부름하는 사환아이가 곧 가까이 오므로 나는 빈 테이블 한 자리를 잡아 앉은 후 상훈을 찾았다.

내 예상이 맞았다. 상훈은 곧 나왔다. 전과 조금도 다름없는 몸매와 얼굴로 가까이 앞에 와서,

"웬일이십니까?"

역시 전과 다르지 않은 깊숙하게 검은 눈을 내 얼굴과 그리고 내 전신에 던지며 놀라는 기색도 없이 이렇게 말하는 것이었다.

"앉으십시오. 변하지 않으셨군요?"

그는 내게서 눈을 떼지 않은 채로 있었다.

나는 그 시선에 수없이 쏠리고 있는 것을 아이가 차를 갖다 놓아줄 때에야 비로소 깨달았다.

"언제 오셨습니까?"

"벌써요, 두어 달 되나 봐요."

"그런데 인제야 찾아 줍니까?"

"어디 계신질 알아야지요."

"오늘은 어떻게 아시구?"

"전에 언젠가 편지하셨지요? 주소가 혹 갈렸으면 어쩌나 하면서 찾아왔어요."

"편질 받긴 받으셨군요. 주소를 전혀 모르다가 어떤 친구가 알아다 줘서 알았습니다…… 그런데 지금 어디 계셔요?"

"친구 집에요."

"혼자요?"

"네."

"아이들은?"

나는 그가 아이들이 있다는 것을 어떻게 알까? 그는 내 생활을 죄다 알고 있었을까? 알고 있다면 나를 생각하고 있었음에설까? 그렇지 않

으면 내게 복수를 하기 위해서일까? 나는 맘 속으로 혼자 이렇게 오만 가지 생각을 해 보다가,

"어떻게 애들 있는 걸 아셨어요?"

하고 물어 보았다. 그랬더니 그는 한 번 그의 독특하게 웃는 묵직한 웃음을 웃고 나서,

"알고 있었지요."

하는 것이었다.

나는 가슴이 덜컥 내려앉았다. 쓰레기통같이 지저분한 내 생활을 그가 미리 알고 있다는 것이 싫었다. 그러나 한편으론 기쁘기도 했다. 어떻게 됐던 간에 그가 무슨 심사에서였든지 내게 관심을 가지고 있었다는 것이 기뻤다.

"그럼 왜 가만히 계셨어요?"

하지 않으려던 말이 불쑥 나와 버렸다. 그를 찾기로 결정했을 때 나는 그에게 대해서 아무렇지도 않으려 하고 또 그렇게 할 수 있을 자신을 가졌던 것인데 옛날과 똑같이 호수의 밑바닥까지 흔들어 놓을 듯한 그 음성과 산림같이 깊숙한 눈이 나도 모르는 사이에 비조산 꽃구경으로, 갈대밭이 우수수하는 데를 숱한 가을벌레들의 울음을 들으며 다니던 때에로 내 마음은 이끌리고 말았다.

"가만 안 있구 어떻게 합니까, 떠나간 사람을…… 헌신짝같이 버리구 간 사람을."

그는 무슨 연극의 대사라도 외듯 이렇게 중얼거리곤 허공에 시선을 던졌다. 나는 할 말이 없어서 고개를 숙인 채 내 구두코를 내려다보고 있었다.

"편지두 여러 번 했지요. 회답이 없길래 편치 않으신가 해서 처음엔 퍽 궁금했지요. 그러다가 소식을 알군 그저 가만있기루 작정해서 팔 년을 꼬박 그렇게 살아왔습니다. 불행히 됐단 소식을 들었을 때 곧

뛰어가 보구 싶었지만 경솔한 태도 같아서 그만뒀지요. 지나간 이야 긴 할 것 없구…… 그런데 앞으로 어떻게 할 작정입니까?"

나는 고개를 들어 그를 쳐다볼 뿐으로 말은 안 했다. 가장 옳다고 자 신했던 과거의 내 생활 전체가 너무 무비판적이었던 것 같고 경박했던 것 같음을 그의 말을 듣는 사이에 알았다.

"서울서 사시겠습니까?"

그는 다시 물었다.

"글쎄요."

나는 내차 찾아온 뜻을 이야기하려다가 그만두고 간단히 대답해 두 었다. 나는 그의 앞에서 처참한 내 생활 여부를 이야기하기가 점점 두 렵게 여겨졌다.

"무슨 계획이 있으시면 이야기하십시오. 도와 드린다구까진 못 하지 만 힘자라는 대루 봐 드리겠습니다."

"……"

"말 못 할 사정이 있습니까?"

"아뇨."

"그럼?"

"……"

"지금 계신 데가 친구 집이라지요?"

"네."

그는 내가 말하지 않는 뜻을 다른 데 두는 모양이었다. 혹시 개가라 도 하지 않았는가 하는 의심을 가진 듯했다.

"실례지만 정말 친구 집입니까?"

"정말입니다."

"그럼 왜 혼자 그렇게 오래 와 계세요?"

"……"

"은영 씨! 어떤 말씀이든 해 주시면 어떻습니까. 지금 계신 데가 영구히 사실 집이 아닙니까?"

그는 내가 추측하던 마음을 드러내 놓았다.

"영구히 살 집이요? 아녜요, 다 아녜요."

"그럼 뭡니까. 왜 그리 달라지셨어요. 전엔 퍽 명랑했는데……."

그렇게 일러놓고 보니 그런 것도 같았다. 전엔 종달새처럼 명랑하기도 했다.

어느 때 그는 내 조잘거리는 것을 물끄러미 보다간 이름을 아주 종달새라구 짓고 말지 한 일도 있었다. 그러면 나는 황소같이 느리고 또 말이 적은 그를 복수하잔 마음에서 굼벵이라 별명을 지어 주곤 했다. 그러던 일이 어제 같고 또 그리웠다.

"굼벵일 아세요?"

나는 참말 어린애가 되어 바로 내가 굼벵이라고 불러 보던 때와 같이 오히려 더 수줍은 소리로, 그러나 매우 어리광스럽게 말을 했다. 내가 듣기에도 내가 이렇게 어린애 같은 데가 남아 있었던가 싶은 소리였다. 아마 일찍이 남편 앞에서도 이러한 소리와 또 마음을 가져 본 일이 없던 것 같다.

"글쎄, 그래 종달새지…… 가끔 잘 그렇게 조잘거리던 양반이 왜 그런가 싶어요."

"어떡해요, 달라지는걸. 세월이 가구 나이를 먹구 하면."

"조금두 안 달라졌어요. 그냥 그대루 있는데……."

"그냥 있을 리 있어요. 변하기 마련인 걸요."

"그런네 변하지 않은 거루 보여지는 건……."

"그건 뭐예요?"

"은영 씨가 옛날과 똑같이 아름다운 거, 앞으로도 영원히 그렇게 있을 거 말입니다."

"불사조던가요?"

"그런지도 모르지요. 내 맘속에 영원히 안주할 불사조. 나는 이것 때문에 외롭고 또 즐거울 수 있을 겁니다."

"전 그런 신비한 존재가 못 돼요."

나는 또 어느 새 내 신변으로 눈을 돌렸던 것이다. 너저부레한 현실이 내 앞에 큰 짐승처럼 가로누워 꿈틀거리는 것을 보았던 것이다.

"그건 상관없겠지요. 은영 씨가 남편과 아이들과 유쾌하게 살 적에두 나는 혼자서 생각하고 외로워하고 그리고 어느 때든지 내 앞에 나타날 때가 있으려니 하는, 기적을 기다리구 있었으니까요."

나는 겁이 덜컥 났다. 그의 말이 거짓이 아니라고 믿었기 때문이다. 진실을 보는 때처럼 무서운 것이 없느니라고 사람들이 하던 말을 들었지만 나는 일찍이 이처럼 엄숙히 내 맘과 몸을 함께 떨게 하는 진실은 당해본 적이 없었다.

"아녜요, 저를 옛날에 알던 친구로 알아 주십시오. 저는 도무지 그런 말을 들을 자격이 없어요. 제가 얼마나 엉망인 형편에 있는가를 들어 주십시오."

나는 부르짖듯 설주와 형주의 어머니로서 거리낌 없다고 생각되는 자세를 지으며 그를 찾을 때에 말하려던 생활 문제, 아이들 입적에 대한 문제 등을 전부 털어놓았다.

상훈은 조용히 반문이나 질문 한 번 없이 말하자면 나와 다른 이야기 하던 때와 똑같이 태연히 듣고선,

"내게 전부 맡겨 주십시오."

하고 나왔다.

나는 감사하다고 인사하기도 쑥스럽고 해서 다만 엄숙한 자세 그대로 앉아만 있었다.

"주솔 적어 주시든지 틈이 나시면 나와 주셔도 좋구요. 이층에 언제

든지 있습니다."

나는 청진정 주소를 적어 놓고 그리고 틈 있는 대로 나와서 만날 것을 약속한 후 숙소로 돌아왔다. 숙소엔 동생한테서 편지가 와 있었다.

언니, 이월이라는데 이렇게 날씨가 쌀쌀합니다. 몸이나 건강하십니까? 그런데 언니, 어쩌면 좋습니까? 송의 병이 점점 더쳐서 이삼일 내로 입원치료를 하라는 의사의 명령이 내렸는데 형주 때문에 야단입니다. 언니가 데려갈 형편이 못 되는 것은 잘 알지만 여기 형편도 그렇고 또 아이들도 벌써 석 달이나 엄마 보고 싶은 맘에 그만 풀이 죽었습니다.

형준 날마다 그 추운데 몇 번씩 정거장에 엄마 마중을 나가는데 아무리 나가지 말래도 언제 나가는지 모르게 빠져나갑니다. 종종 설주가 와서 같이 가는 때도 있습니다. 설주가 엄마가 인제 형아캉 저를 서울 데려간다고 하면서도 정거장엘 나가는군요.

형주는 정거장에만 나갈 뿐이지 밥을 안 먹거나 잠을 안 자거나 하진 않는데 설주는 순이 어머니 이야길 들으면 초저녁엔 눈을 꼭 감고 자는 체하다가도 밤이 들어서 집안 식구가 다 잠든 눈치가 뵈면 이불 속에서 혼자 울고 엄마가 몹시 그리운 날이면 밥을 통 안 먹는다는군요. 저두 어제야 그런 이야길 들었습니다.

순이 어머니도 이 때까지 이런 말은 언니가 맘 아파할까 봐 하지 않았다고 하던데, 아이들 일이 너무 가엾어서 그만 죄다 써버렸습니다. 어제저녁 서울서 학교 다니던 사촌 시누가 몸이 아파서 왔는데 무슨 이야기 끝에 자기 친구 이야기가 나서 자세 물어 봤더니 하순이가 그 하순인지 아닌지 모르나 어쨌든 지금 성화 여학교에 정하순이란 그런 아이가 있다는군요.

하와이 어머니한테서 학비가 온다는 거며 나이가 열아홉이라는 거며 아버지가 없다는 거며 성질이 이상하다는 거며 하순이와 흡사한 점이 있사오니 좀 가 보십시오. 저는 그 애가 하순이라면 한 달에 백 원 턱이나 되는 학비가 온다니 언니가 데리고 계시면 피차에 좋지 않을까 생각했습니다. 그럼 언니, 얼른 학교에 가 보십시오. 몸 안녕하십시오.

동생 선영 올림

이튿날 아침 나는 성화 여학교엘 하순을 찾아 나섰다. 하순은 전에 내가 여학교 다니던 때니까 벌써 십 년도 훨씬 넘은 옛날 일이다.

하순의 어머니가 아메리카 영사관 서기로 있던 사람과 하와이로 떠날 적에 아홉 살 먹은 하순을 이웃에 사는 아주 타남인 우리 어머니한테 맡겨서 어머니는 그의 어머니가 부탁한 대로 석 달만 맡아 기르자고 하던 것을 오 년 동안 어머니가 돌아가시던 때까지 기른 일이 있다.

그 때 어머니가 돌아가신 후 동생과 함께 대구에 살림을 옮기게 되어서 하순을 충청도 저의 고모집에 보낸 이후로 전혀 소식이 없었다.

나는 하순이가 기운 없이 아이들 축에도 안 끼고 우리 어머니가 그처럼 사랑해 주건만 따르지 않고 내 동생 선영이와 싸우기만 하면 이내 주먹 같은 눈물이 그 맑고 크고 까만 눈에서 똑똑 떨어지고 사람의 눈을 기이고 도둑질을 가끔 해내고 거짓말도 잘하고 그러면서도 마음씨가 모질지 못하던 것을 생각하며 성화 여학교 사무실 안에 들어섰다. 마침 교장이 여자분이어서 나는 하순에 관한 이야기를 수월히 물었다.

정하순은 과연 그 하순이었다. 교장은 하순이가 우리 집에 있은 것도 알고 있었다.

우리 집에서 고모집에 가서부터 하순은 어머니한테서 오는 돈을 그 고모부가 죄다 받아 쓰곤 보통 학교 6학년에서 그만둔 아이를 마저 마쳐줄 생각도 없이 집에 쭉 박아 두고 심부름이나 시켰으며, 하순이가 그 고모집을 도망하여 서울 와서 이리저리 전전하다가 성화 여학교에 온 뒤에도 그 고모부라는 시골사람은 가끔 술이 취한 채로 하순을 찾아와서 시골 내려가자고 한다는 것이었다.

하순이가 성화 여학교에 입학한 후 하와이에 있는 그 어머니는 교장한테 긴 편지를 보내어 하순의 장래를 의탁한다고 해왔기 때문에 어머니없는 하순이도 가엾지만 먼 곳에서 딸의 전정을 염려하는 어머니의 마음을 살펴서 학교에서나 기숙사에서 선생과 동료들 사이에 평이 좋지 못한 것을 날마다 타이르고 책망하고 때로는 때리기까지 한다고 했다.

중에도 딱 질색인 것은 친구 사이에 이간질을 하고 거리의 유행을 거둬들이고 군것질을 잘하고 한 달에 백 원씩 오는 돈을 아무리 안 쓰게 하느라고 해도 요리조리 어떡하든 공교롭게 구실을 꾸며서 백 원 돈을 거의 쓰게 된다는 것을 이야기한 후 교장은 내게 하순이 같은 아이는 기숙사에 두기보다 차라리 잘 관리하는 사람만 있으면 혼자 있는 편이 낫겠다고 말했다.

이것은 내가 그에게 내 뜻을 미리 말했던 까닭에 한 말인지 모르지만, 내 생각에도 하순에겐 좀더 따뜻한 환경과 부드러운 손길이 필요한 것을 알았다.

더구나 그가 우리와 떠난 뒤에 여러 가지로 고초를 겪었다는 이야기를 듣고 나니 안된 생각도 들었다. 하순은 교장의 안내로 곧 내게로 나왔다.

어떻게 자랐는지 옛날 면목이라곤 별로 없고 까무잡잡하던 얼굴에 윤이 나고 맑던 눈은 더욱 빛났다.

"언니 웬일이겠수?"

하순은 나를 곧 알아본 모양으로 지져 올려서 굽실굽실한 머리를 내 가슴에 파묻고 어깨를 들먹거렸다. 나는 옛날 우리 어머니 밑에 같이

자라던 그를 눈 앞에 그리며,

"너 날 알겠니?"

하고 물었다. 그랬더니,

"왜 몰라요, 은영 언니 아니우?"

하며 이내 젖은 얼굴에 웃음을 띠었다.

나는 교장에게 말한 대로 하순에게 나와 같이 있으면 어떻겠느냐는 의견을 물었다.

하순은 내 말을 채 듣기도 전에 펄쩍펄쩍 뛰며,

"언니, 난 기숙사에서 나가는 날이면 춤을 추겠어."

하는 것이었다.

교장의 이야기를 들어서 하순이 기숙사를 싫어할 것은 미리 짐작하고 있는 바이었으니 놀랄 것까진 없지만 어쨌든 교장이 앞에 앉았는데 그런 말을 함부로 막 내받아하는 데는 섬뜩해졌다.

집은 성화 여학교와 부용이 집 가까운 데로 하느라고 수송정*에 얻었다. 나는 살림을 장만하고 아이들과 하순을 데려오고 하는 데 한 보름 동안을 눈코 뜰 새 없이 바빴다.

상훈과도 만나지 못하고 부용이와 조용히 이야기할 사이도 없었다. 그러던 어느 날 저녁 부용이가 편지 한 장을 들고 왔다. 낮에 메신저*가 가져온 이상훈의 것이었다.

사연은 한 번 다녀간 후 소식이 없기에 어디 편치 않은지 그렇지 않으면 신변에 무슨 일이 생겼는지 궁금하여 벌써 좀 찾아보고 싶었으나 어떤 형식으로 찾아보는 것이 좋을지 몰라서 이 때까지 망설였다는 그것뿐이었다.

---

* **수송정(壽松町)** 서울 수송동을 일제 강점기 당시 부르던 이름.
* **메신저(messenger)** 심부름꾼. 메시지를 전달하는 사람.

"형! 이이가 누구예요?"

내가 글발에서 눈을 들었을 때 부용이 물었다. 그렇지 않아도 그에게 상훈을 만나고 오던 저녁부터 알리자던 문제였다. 그랬는데 무슨 죄를 짓는 것 같기도 하고 한편으로는 즐겁기도 하면서 종시 입을 열지는 못했던 것이다.

"아는 사람인데…… 부용이, 이 사람 동경 있을 때 알던 사람이야."

나는 어색스럽게 부용의 이름까지 불러가며 이렇게 덧붙이곤 부용의 낯색을 살폈다.

"형은 좋겠어요."

부용은 쓸쓸한 표정을 지었다.

"뭣이?"

"그런 이가 있으니……."

"내 맘을 모르구 하는 소리지."

"돌아가신 이를 생각하는 것두 좋지만, 그렇지만……."

"그것두 그렇지만 그보다 더 딱한 일이 있어. 부용이가 직접 당해 보기 전엔 설명해두 몰라."

"그이가 지금 어디 있수?"

"서울에……."

"그이 집이 서울인가요?"

"아니지, 부산 사람이야."

"그이 집은 부산에 있겠군."

"그런가 봐. 지금 찻집을 하는데 그 이층에 혼자 있나 봐."

"몇 살인데, 상가갔나요?"

"안 갔을걸, 동경 있을 때 안 갔었으니까. 내가 여름방학에 나왔다가 다시 안 들어가구 그렇게 된 뒤로 쭉 나만 생각했다니까. 앞으로두 그렇게 한다는군. 그리구 뭣이나 죄다 자기한테 말하라는군."

"아이 어쩜. 형은 참 좋겠어요. 그럼 그이와 결혼하시지 왜 그러세요."

"안 돼요. 어떻게 결혼할 수 있어, 못 하지."

"왜 못 해요. 그이가 부인이 없겠다, 형은 남편이 없겠다, 피차에 사랑하겠다, 형의 지금 처지로 봐선 참 좋을 것 같구만. 애들두 그이 앞으로 입적시킬 수 있잖어요. 그런 다행한 일이 어디 있길래 그러세요."

"그 다행한 일에 큰 불행이 있을 것은 어떡하구……."

"뭔데?"

"난 그이를 다시 만나려는 생각을 가질 때부터, 그 땐 더구나 아무렇지도 않게 맘먹었는데 그 때부터 내가 만약 그를 좋아하게 되면 어쩔까 하는 생각을 했으니까."

"그러면 어때요, 좋지 뭐. 그것 보세요. 형이 그일 사랑하기 때문에 그런 생각이 나는 거 아니겠수?"

"그럴는지 모르지…… 그렇지만 내가 사랑하고 내가 좋아한다구 결혼할 수 없는 일이구, 애들을 입적시키려구…… 그런 외부적 조건을 살리자구 큰 잘못을 저지를 순 없어, 안 되지, ……안 돼. 못 해요."

"암만 그래두 결혼하구 말걸."

부용은 내 얼굴에 나타난 감정을 어떻게 보았는지 이렇게 말하곤 그 애수가 담뿍 잠긴 눈을 내게로 쓸쓸히 던졌다.

"부용이 이것 봐."

나는 그를 또 조용히 불렀다. 그리고 다시 아주 낮은 소리로,

"부용은 내가 뭘 무서워하고 뭘 불행하다구 하는지 모르지? 모를거야. 그것만 아니면 내가 그의 얘길 그를 만나구 오던 길로 부용한테 말했을 거야. 그리고 그이를 자꾸 만날 수도 있었을 거야. 지금 얘기한 대로 그일 만나러 갈 때부터 떨지 않았을 거야. 또 그이가 온갖 것을 다 맡기라구 했음에두 불구하고 나는 다시 아무런 일언반구의 말

없이 하순을 데려다가 살림을 채리구 아이들을 데려오구 그러구두 아무 말 없이 보름 넘어를 있은 거야."

"그게 대체 뭘까?"

"가만있으라구, 내가 말할게. 내가 만약 이상훈이란 사람을 몰랐더면, 그를 생각하지 않았더면 이런 걸 못 깨달았을 거야. 부용이, 부용이가 큰마누라 아인 못 사랑하잖아. 암만 사랑하려 해도 안 되잖아. 그것과 마찬가지루 제 자식이 아닌 아이들, 아니 제 자식이 아니더래두 아무런 관련이 없는 남의 자식은 귀애할 수 있구 사랑해줄 수도 있는 경우가 있겠지만 사람의 심리란 참으로 기묘한 거야. 제가 낳지 않은 남의 자식이든지 제 자식이 아닌 아내의 자식, 즉 여편네가 데리고 들어온 자식이고 보면 미워하게 되는 것이 통례인 것 같아. 가만 보라구, 의붓자식을 미워 않는 사람이 별루 있는가. '의붓애비 묘에 벌초'란 말두 이런 데서 생긴 것일 거야. 의붓애비가 미워했으니까 그 묘 벌초에 정성이 어릴 수 있겠어……."

"그런 경우도 있지만 진정 사랑하는 사람의 자식이라면 안 그럴 것 같아요."

"사랑하는 사람의 자식인 때문에 더할 수 있다니까. 실례를 들라면 들 수도 있어! 하순이 어머니 말이야. 하와이 가기 전에 바로 우리 이웃에 살았는데 그 남자가 하순 어머닌 그렇게 사랑하면서도 하순인 어떻게 미워하는지 몰라. 참 하순 어머니가 울기도 많이 했다우. 난 그 땐 그걸 통 몰랐지. 그랬는데 차츰차츰 접때 상훈을 만나고 나서부터 하순 어머니 남편인 그 사내가 하순이 땜에 늘 싸우고 하순 어머니가 울고 하던 일이 어제같이 또렷해지더군. 어쨌든 교양이 있는 사람이나 없는 사람이나 간에 그 표현방법이 다를 뿐이지 심리상태는 동일한 것 같아."

"그래서 하순일 두구 떠났나요?"

"그럼, 데리구 갈 수 있어야지. 사내가 찡찡대서…… 그 어린 걸 떼두구 가는 어머니 마음이 어쨌겠수. 석 달 만에 곧 데려갈 도릴 하겠노라더니 아직 못 데려가구 그 멀리서 그 애 때문에 갖은 앨 쓰는구려. 참 우리 어머니 돌아가시기 전에 집에 온 편지를 보면 눈물 안 흘릴 사람이 없을 거야. 아무것도 모르는 나두 울었으니까……."

나는 여기까지 이야기를 하다가 부용이가 얼굴에 수건을 가리는 것을 보고 그만 끊어 버렸다. 그는 필경 시골 있는 영선일 또 생각하는 것이겠지.

다시 내게 상훈의 이야길 권하려고도 물으려고도 하지 않고 가린 수건이 즐퍽하니 젖어만 갔다.

나는 상훈의 편지 답장으로, 답장이라기보다 그를 다시 만나지 말자는 마음에서 아이들도 데려다가 학원에 넣고 생활 문제도 아는 친구의 알선으로 안정되게 되었다는 것과, 일전 돌연히 찾아가서 쓸데없이 오래 있다가 온 것을 뉘우치고 앞으로 아이들 입학 때문에 바쁘겠고, 먼저 있던 집에서 이사를 했다는 것 등을 적어 보낸 후 나는 정말 한결 더 상훈에게 대한 내 마음을 조종해가며 오직 아이들을 입학시킬 준비에만 분망했지만 서울 안에 있는 사립 학교란 학교는 죄다 돌아다니며 사정을 이야기하고 입학을 애원했으나 아무 데서도 내 소원을 들어주지 않았다.

'사생아를 애호하자. 사생아를 구출하자.'

부모들의 비합법적 결합의 죄과(?)가 그 자식에게 미치게 되어 있는 것은 그릇된 법이라는 논의가 분분하나, 그것은 한 개의 공론으로 흘러가고 수없이 많은 사생아는 어느 날이나 이 거리 저 거리에 물에 기름처럼 저대로 떠돌아야 하니 이 책임은 과연 누가 지어야 할 것인가.

나는 내 잘못을 뉘우치는 한편 이러한 사회에 대한 불평불만이 목구멍까지 치밀어 올랐다. 세상의 온갖 규율, 풍속, 인습, 도덕에의 반발이 일고 증오가 생겼다.

이것은 내가 한때 분별없이 남이 하니까 나도 하고, 남이 좋다니까 나도 좋거니 하고, 남이 싫다니까 나도 그렇거니 하던, 다시 말해서 분위기에 휩싸여 기분적 행동을 하던 그런 때에 가졌던 반발이나 증오가 아니었다.

이것이야말로 한때에 그러한 경솔과 무분별한 행동으로 해서 받은 보수, 그 쓰라린 체험에서 단련된 내 예지의 눈을 정확히 보아온 데서 생긴 반발이었고 증오였다.

그런 까닭에선지 반발과 증오는 행동적이 못 되고 심하면 심할수록 점점 풀이 죽고 용기가 줄어들고 아무래도 그 세상과 타협해 살아나갈 가망이 없을 것 같은 생각만 들어서 나는 때때로 아이들과 함께 죽음을 생각해 보는 약한 여자가 되기도 했다.

그러나 그것은 생각뿐이고 하루 이틀 그대로 살아갔다. 이렇게 사는 생활이란 불안과 공허밖에 가져올 것이 없었다.

무섭고 싫은 일이었다.

가만히 앉아 있노라면 세상의 온갖 소음이 죄다 내게로만 쏠려 들어오는 것 같고, 그러다가도 귀를 더 기울여 그 소란한 소리의 전부를 경청하려고 들면 그것들은 모두 꿈 속같이 멀리 사라져가고 내 소리까지도 그 멀어지는 소리와 함께 아득해지는 것이었다. 이럴 때면 천장에 뚫린 작은 구멍이 무슨 아귀의 눈같이 벌름거려서 별스레 무서워지는 것이었다.

아이들이 곁에 있어도 쓸데없고 그럴수록 나는 혼자 가만히 언제까지 움직이지 않고 있는 것이 좋았다. 아니 그것은 거짓말일지 모른다. 그것보다도 나는 무엇을 붙잡을 것이 있었으면 싶었다. 아무것이나 휘어잡았으면 싶었다. 그렇다고 부용을 불러올 생각이나 상훈을 찾아갈 생각은 없었다.

이렇게 된 나는 신을 생각해 보는 때가 있었다. 마음의 빈자리를 채울 수 없을까 하는 것을 생각해 보았다.

그래서 나는 개나리꽃도 거의 져가고 세상은 녹음으로 푸른 단장을 하게 되던 어느 날, 학원에 집어넣었던 형주 설주를 데리고 다짜고짜로 남산정*에 있는 성모 학교에 간 것이다.

이것은 내가 아이들을 단지 그 학교에 넣자는 마음에서만이 아니었다. 나와 아이들과 함께 신의 품에 고달프지 않고자 함에서였다.

그런 까닭에 검은 성복을 입고 십자가와 묵주를 늘인 신부 앞에 맘 전부를 이야기하고, 신부가 아흔아홉 마리의 양보다 한 마리의 잃었던 양을 사랑한다는 성서 구절을 읽고 성호를 긋고 기도할 때 정말 신 앞에 나는 내 맘 전부를 바치기로 맹세했던 것이다.

진실로 나는 세상에서 완전히 버림받은 자의 슬픔과 괴로움을 신만이 알 것 같고, 초조한 마음과 불안한 생각도 신만이 없애줄 것 같아서 오직 신 앞에 즐겁자고 다짐을 했다.

다른 책을 읽지 않고 성서를 읽고, 안식일이 아니더라도 성당에 가서 신 앞에 꿇어 엎드렸던 것이다. 그런데 어쩐 일인지 마음은 조금도 가볍지 못했다.

아이들이 학원에 다니던 때보다 날마다 즐거워하고, 그들이 성서를 외고 성가를 부르고 마리아를 알고 예수를 알고 신을 두려워하는 맘과 함께 착한 일을 해야 한다는 마음을 가지는 것을 보는 때면 다시 한 번 내 마음 준비의 부족함을 스스로 꾸짖고 다시 자세를 고치곤 했으나 그러면 그럴수록 불안이 커지고 전보다 한층 더 자신에 대한 환멸을 느낄 뿐이었다.

---

* 남산정(南山町) 서울 남산동을 일제 강점기 때 부르던 이름.

그것뿐 아니라 정 심한 때는 아침 저녁 미사 올릴 때 울리는 종소리조차 거룩하지 못하고 무슨 서글픔을 못 이겨 흐느끼는 오뇌*의 소리 같았고, 신 앞에 무릎을 꿇는 신부와 수녀의 검은 성복 속엔 신을 저주하는 마음이 독사처럼 꿈틀거리는 것같이 여겨졌다.

종종 까닭 없이 눈물이 핑그르 돌고 손가락 하나 까딱하기 싫게 사흘이나 나흘이라도 한 모양으로 앉아 있을 수 있었다. 전에 한 번도 없었던 증세라 하겠다.

어째서 이런 마음이 생기는지 나도 몰랐다. 백양나무 잎이 하늘 높이 푸르게 흔들리는 것이 싫어서 쩔쩔 끓는 한낮에도 문을 닫고 앉았는 일이 있고, 그러다가도 벽에 걸린 성모상에 시선이 가기만 하면 무엇에 놀란 듯 똥그랗게 눈을 그리로 모으고 한숨을 길게 내쉬곤 했다. 이렇게 내가 마음의 갈등과 오뇌를 안고 허덕이던 어느 날, 나는 한 장의 편지를 받게 되었다.

은영 씨가 다시 안 오시는 마음을 잘 압니다. 당신의 보고서 비슷한 편지를 받던 날부터 당신을 생각지 말고 가만히 곱게 당신을 그대로 나 혼자 몰래 옛날이나 마찬가지로 생각하자고 노력했습니다. 당신을 괴롭히는 것이 내 본의가 아닌 까닭입니다.

그러나 저는 아마 당신을 생각해야 할 운명을 가진 듯합니다. 전 생애를 당신을 위해 바치려나 봅니다. 아무런 주저 없이 자신 있게 대답할 말이라면 당신을 사랑한다는 말 이외엔 없을 것입니다. 저열한 사나이라고 나무람하시겠지만 제 이 마음은 신에 가까운 마음일 것입니다. 믿을 수 없는 일이겠지요.

만나 뵈었을 적에도 말씀한 것과 같이 당신은 제 마음 속에 언제나

---

* 오뇌(懊惱) 뉘우쳐 한탄하고 괴로워함.

깃들 불사조입니다. 당신이 팔 년 전 여름방학에 떠나가서 다시 소식이 없던 때보다 저는 지금 더 외롭습니다. 당신으로 해서 얻는 외로움이니 즐겁게 감당하는 수밖엔 없습니다.

사람을 사랑함으로써 받는 외로움이란 세상에 가장 괴로운 일이 아닐까 합니다. 이렇게 괴로운 일을 왜 하는지 저도 모릅니다. 저를 언제까지 방황하게 하시겠습니까.

이상훈 올림

편지를 내려 읽고 나니 가슴이 꽉 죄어드는 것이 질식이라도 할 것 같았다.

방 안을 서성거려 보다가 책상 앞에 멍하니 앉아 보다가 입가에 웃음을 띠어 보다가 도무지 갈피를 잡지 못했다.

한밤을 꿈 속에서 그이에게 내가 그를 사랑한다는 내 마음 전부를 고백하던 이튿날 성모상 앞에 꿇어앉아 내 마음을 뉘우쳐 보던 일도, 성당 신부님에게 신보다 사람을 더 사랑하는 경우에 구원을 받을 수 있느냐고 물었을 때 신부님은 더구나 젊은이는 애욕에서 발을 빼는 날이라야 완전히 신의 음성을 듣고 신의 얼굴을 볼 수 있다고 하던 말을 끔찍이 신봉하려고 하던 일도, 다 나 자신을 속이는 어리석은 일로밖에 여겨지지 않았다.

북악 근처의 푸른 경치도 나를 위해 있는 것 같고 태양이, 푸른 숲이, 아니 온 우주가 모두 나를 위해서 있는 것 같았다. 끝내 나는 상훈을 찾아가고야 말게 되었다.

그 날 저녁 늦게 나는 아이들에게 복습을 시켜 놓고 하순에게 아이들을 재워 달라고 이르곤 거리에 나섰다. 거리는, 더구나 다방 거리인 명치정 길은 낮과 같이 밝고 사람들이 와글와글 들끓었다.

나는 그 길을 슬픈 이야기의 주인공인 듯한, 아니 세상에서 가장 행복한 상봉을 하려는 나를 인식하면서 '고마도리' 이층, 상훈의 방문을 노크했다.

문이 곧 열리며 공기와 함께 방 안의 흐뭇한 냄새가 전신에 엄습해 왔을 때 돌기둥이 되어 있는 듯한 그와 나는 똑같은 자세와 표정을 지었다.

"서울에 계시긴 했군요?"

한참 만에 그가 한 말이었다.

"서울에 계시긴 했군요?"

방에 들어가 앉아서도 그는 다시 이런 말을 했다. 나는 그 물음에 어떤 해석을 내려야 할지, 내가 서울에 있었다는 사실만이라도 신기해서 그러는 건지 그렇지 않으면 서울에 있으면서 소식 없이 있었다는 것이 괘씸해서 그러는 건지 원체 시무룩하기만 한 그의 표정이라 알아낼 수가 없었다.

나는 대답 대신 약간 웃어 보이고 그리고 이어 방 안을 살폈다. 동경 시대나 다름없이 단조한 방 차림새였다.

삼면에 쭉 돌아가며 책이 쌓여 있고 책상이 있고 철필, 잉크병, 재떨이, 이런 것들이 있는 외에 책상 위에 놓인 화병에 하이얀 작은 꽃이 꽂혔을 뿐이었다.

아무것도 없는 방이었으나 아늑하고 마음을 가라앉힐 수 있었다. 방 안의 물건들, 그와 가까이 있을 수 있는 것들이, 심지어 벽장 속에 들어 있는 이부자리, 그가 기대어 있는 벽까지도 나는 무척 행복할 것 같다고 생각되었다.

더구나 하이얀 작은 꽃은 바람이 들어올 적마다 하늘거리며 하얀 웃음을 내뿜었다.

"저 꽃이 참 좋군요?"

"그걸 다방 애들이 갖다 꽂았는데 이름이 하두 좋아서 놔두지요. 원체 게을러서 꽃을 좋아하기는 하면서두 물 주구 어쩌는 게 싫어서……."

"이름이 뭔데요?"

"내일이라나요? 하이넨가 괴텐가 잘 생각이 안 나지만…… 어쨌든 사람은 내일을 기다리다가 그 내일에 묘지로 간다는 말이 있지요. 저 꽃 이름이 내일이라구 들었을 때 이내 그 시가 생각나더군요."

"내일? 재미있군요."

"너도 내일 내일 하다가 그 내일에 죽느니라구 일러주는 것 같단 말씀입니다."

"죽지 말지요."

나는 그가 담배를 피워 물고 연기를 길게 내뿜는 것을 바라보며 말했다. 이것은 아무렇게나 한 말이 아니었다. 그는 죽음을 초월할 것 같고, 그가 죽는다는 사실은 있을 수 없는 것처럼 생각되어서였다. 그러나 다시 그도 죽고 나도 죽는 것이라고 생각했을 때 안개가 가득찬 듯 가슴이 답답했다.

"은영 씨!"

죽는다는 사실을 생각하고 잔뜩 답답해 있는 때였으므로 그의 부름에 그를 쳐다보는 내 시선이 범상치 못했음인지 상훈은 말이 더 없고 나를 그 검고 깊은 눈으로 바라만 보고 있어서 내 전신이 죄다 그 눈 속으로 쏠려 들어가는 듯함을 느꼈다. 나는 고개를 숙이고 눈을 감아 버리고야 말았다.

그의 눈을 주체할 수 없었다기보다 내 얼굴에 일어나는 경련을 막기 위해서였다.

눈을 감았으나 상훈의 심원한 표정, 목조 같은 얼굴, 그 얼굴이 움직일 때면 쏟아져 넘치는 정열을 주체 못해하는 모양새와 굵직한 말소리며 적당한 체구, 이 모든 것들이 더 한층 또렷해지고 방 안 공기와 색과

기온과 그 방 안에만 있는 특유한 냄새까지 전부 내 폐부 속에 스며드는 것이었다.

"제가 한 편지를 어떻게 생각하십니까?"

참 오랜 뒤였다.

주위의 소음도 차차 사라지고 흐르는 시간까지도 정지되어 있는 듯싶을 때 그가 무겁게 입을 열었다. 나는 일종 현기증을 일으킬 것 같은 위태스런 기분에서 아무 말도 못 하고 고개만 들었다.

"저를 나무람하시자고 오시진 않으셨지요?"

나는 무엇을 어떻게 해야 할지 몰라서 가만히 앉아 있었다. 상훈은 조금도 어색지 않은 자신 있는 어조로,

"미망인의 재혼을 어떻게 생각하십니까?"

하고 이번엔 아주 생뚱같은 말을 끄집어내는 것이었다. 나는 꿈에서 깬 듯 정신을 가다듬으며

"네?"

하고 반문했다.

"미망인의 재혼을 허용하십니까?"

그는 다시 똑똑히 말하는 것이었다.

"아뇨."

몹시 당황한 대답이었다.

상훈의 태도와는 엄청나게 차이가 나는 자신의 당황함에 나는 스스로 부끄러움을 느꼈다.

"왜요? 허용 안 하는 이유가 어디 있습니까?"

허용 못 할 이유가 있는 것도 아니었다. 법률이 허용한다는 것까지 알고 있으므로 이렇다 하고 내세울 지론이 없었다.

"그럼 부인하신단 말씀이군요?"

그는 내 대답 없는 것이 갑갑한 듯 또다시 이렇게 물었다.

"경우에 따라선."

"어떤 경우에?"

"어떤 경우가 특수할까요?"

"예를 들자면 저 같은⋯⋯."

"뭐가 특수합니까? 특수할 거 없어요. 특수하다고 생각하는 건 은영 씨의 고집입니다. 다녀가신 뒤로 저두 은영 씨 마음을 짐작하구 참 은영 씨의 현숙한 마음을 침범치 않으려구 무척 노력두 했습니다마는 그것이 은영 씨를 생각하는 참된 삶이 아닌 것을 알았습니다. 다시 말하면 참된 삶을 살아나가는 사람들의 할 일이 아니란 걸 다시 알았습니다. 편지에두 말씀했지만, 당신을 생각하는 건 내게 숙명적 의무같이만 생각돼서 당신이 혼자 애들을 데리구 고생하는 걸 도무지 볼 수 없어요. 비 오는 거리에 우산 없이 나선 사람을 보는 것같이 초조해요."

"그렇지만 안 돼요."

"그럼 혼자 사신단 말씀입니까?"

"네."

"영원히?"

"네."

"혼자 살아야 할 이유가 어디 있습니까?"

"그것이 편하니까요."

"편하세요? 제가 당신을 행복하게 할 수 없단 말씀이군요?"

"아뇨."

"그럼, 뭡니까?"

"전 괴로우면서두 그대루 제 앞에 던져진 운명과 싸워가며 사는 것이 즐거운 때문입니다. 거기서 벗어난다는 건 양심에 다시없는 고통일 것 같애요."

"양심의 기준이란 게 어디 있습니까…… 자기를 파멸시키라는 양심,
그건 자기를 속이는 양심입니다."

모르는 것은 아니었다. 그러나 나는 그의 이 말과 함께 내 귀에 쇳덩
어리가 서로 부딪칠 때 생기는 그런, 아주 내 신경 전부를 일으켜 세우
는 소리가 또 하나 들려왔으니 그것은 —— 애욕에서 발을 빼는 날이라
야 완전한 구원을 받을 수 있다던 —— 검은 성복의 엄숙한 신부님의
말씀이었다.

그만 나는 자리에서 일어났다.

아무 영문을 모르는 상훈은 아마 내게 여러 번 까닭을 물었을 것이나
나는 그의 여러 마디의 말을 다 못 듣고 그냥 뛰쳐서 도망치듯 집으로
돌아왔다.

집에는 아이들만 자고 하순은 없었다. 다른 때보다 하순의 밤 외출이
더 한층 염려되었다. 내가 밤에 나갔던 까닭에 하순이가 나간 것이 분
명하다.

나는 상훈을 찾아갔던 것을 뉘우치지 않을 수 없었다. 더구나 형주
설주가 몸에 뭘 하나 가리지 않고 차버리고 자는 양이 견딜 수 없었다.
그것들에게 이불을 가리어 주고 베개를 베어 주며 하느라니까 베개 밑
에서 쪽지 한 장이 나오는 것이 아닌가.

나는 곧 하순의 글발인 줄 알고 어쩐지 심상치 않은 예감에 가슴이
섬뜩해졌다. 아니나다를까 쪽지엔 다른 말이 없고 사랑하는 사람과 서
울서 살 수 없으므로 북행 차를 타고 떠난다는 것과, 내게 벌써 이야기
못한 것은 내가 그 사람을 나무람할까 봐서 나 몰래 떠나는데 그 사랑
하는 사람이란 동흥 백화점 점원으로 얼굴이 로버트 테일러와 같이 멋
쟁이로 생긴 미남자인데 그이가 없으면 세상에 살맛이 없기 때문에 함
께 떠난다는 것만 적혀 있었다.

쪽지를 읽고 그제야 살펴보니 하순은 방 윗목에 놓았던 트렁크와 고

리짝과 그 외에 못에 걸렸던 제 옷들을 하나 빼지 않고 가져갔다. 오직 책상 위에 학교에 가지고 다니던 책과 책가방과 필통 이런 것들만 남아 있을 뿐이었다.

기가 막히는 일이었다. 나는 이 사건을 어떻게 수습을 해야 옳을지 몰랐다. 수사원을 제출할까 하는 생각도 있었으나 그렇게 된다면 더구나 일이 우습게 벌어지지 않을까 하는 염려가 생기고, 그렇다고 그냥 버려둘 수도 없는 일이었다.

쪽지에 쓴 것으로만은 그 상대 되는 남자가 어떤 성격자며 또 생활환경이 어떤 사람인지, 하순을 얼마나 사랑하는지, 하순을 진정으로 사랑해서 데리고 떠났는지 윤곽이 잡히지 않을 뿐 아니라, 북행이라고만 했으니 국내인지 만주 지방인지 알 수 없으며, 돈이 없어서 떠났는지 사랑의 도피행을 했는지 어쨌든 밤새도록 꼬박 생각을 하며 행여 그래도 돌아올까 하고 문 밖에 귀를 수없이 기울였다. 그러면서 문득 나는 내가 팔 년 전 어머니 몰래 집을 떠나던 날 밤 일을 생각해냈다.

나도 하순이와 똑같이 밤에 나왔고, 내가 동경에 가지고 다니던 트렁크와 고리짝을 어머니 몰래 마루에 미리 내어놓았다가 어머니가 잠든 눈치를 살피곤 인력거에 걷어 싣고 홍민규의 작은 하숙방을 찾아갔던 것이다.

그 날 밤 어머니는 나가 떠난 것을 알았을 때 내가 하순이 나간 것을 걱정하는 이상 염려를 하셨을 것이다. 어떻게 보면 하순이의 출분*은 팔 년 전의 나 자신을 비춰주는 것 같기도 했다. 그것과 조금도 다를 것이 없었다.

다르다면 팔 년 전의 나는 홍민규의 씩씩한 모양이 좋았다기보다 그가 하는 일, 그가 전 인류를 위하여 일한다는 것이 좋아서 따라나섰으

* 출분(出奔)　도망하여 달아남.

나 팔 년 후의 하순은 로버트 테일러를 닮은 멋쟁이 미남자가 좋아서 그가 없는 세상엔 살맛이 없어서 따라 떠난다는 그것이 다를 것이다.

하순이 돌아오기를 기다리다가 못 해 나는 하순이가 떠나서 사흘째 되던 날 하순의 학교 교장을 찾아가 만났다.

교장은 오히려 내게 미안하다고 하며 하순에겐 언제든지 그런 일이 있으리라 예상하고 있었다는 것과, 같이 잘 다니던 학생한테서 벌써 하순의 일을 다 알고 있었노라는 것을 이야기하므로 나도 그 하순의 친구라는 학생을 만나 하순의 이야기를 듣기로 했는데, 그 학생의 말인즉 하순은 로버트 테일러 같은 남자와 알게 된 지 한 스무 날밖에 안 된다는 거며, 처음에 알기는 동흥 백화점에 향수 사러 갔다가 비로소 피차에 좋아지게 되어 어떤 날은 학교를 조퇴까지 해가며 그 백화점에 가서 바로 로버트 테일러와 같은 사람이 팔고 있는 화장품부의 물건 —— 크림, 분 그 외에 그 곳에 진열되어 있는 것들을 샀다는 거며, 이번 그 남자와 같이 떠난 데 대해선 자기도 전혀 모르나 며칠 전에 하순은 자기에게 그 남자가 어디로 같이 떠나자고 한다는 이야길 하고 내가 걱정하면 어떻게 하느냐는 염려를 하더란 것이었다.

그리고 그 학생은 그 위에 더 첨부해서 그 녀석이 로버트 테일러니 뭐니 해가지고 그 백화점에 화장품 사러 오는 젊은 여자들을 바람낸다는 것과, 그 백화점에선 그것을 알면서도 그 녀석을 쫓아내기는커녕 오히려 더 우대를 해서 꼭 화장품 진열부에만 두는데 이 녀석이 인제 아주 꾀가 늘어서 어렵지 않게 여자들을 후린다는 것을 말했다. 그의 말을 듣고 보니 하순의 일이 더 염려스러워서 마치 하순을 내가 불행하게 만든 것같이 생각되었다.

내가 상훈을 찾지 않았더면 안 떠났을지 모르는 일이고 떠나더라도 나는 그에게 여러 가지 주의를 시켜줄 수 있을 것을 그랬다고 마음에 뉘우쳤다.

하순의 출분은 마음의 괴로움을 줄 뿐 아니라 생활에까지 큰 변동을 주었다. 내가 해주로 떠나게 된 것은 전혀 그 까닭이었다.

내가 신부님에게 내 사정 —— 하순의 출분이며, 또 그 외의 여러 가지 사정 —— (상훈의 이야기만은 못 했다. 실상 내가 다른 곳으로 떠나야 한다는 생각을 하게 된 가장 큰 원인은 상훈이와 멀리 떨어져 있어 보자는 것이었으면서도) —— 을 전부 이야기했을 때 신부님은 서울에도 몇 군데의 취직 자리를 말해 줬으나 나는 신부님 친구가 경영하고 있다는 해주 요양원을 굳이 택하게 된 것이다.

해주에 가서도 아이들은 곧 해주 성모 학교에 전학할 수 있었고 또 다른 직업보다 가장 내 마음에 드는 폐병 환자의 친구가 되어 주는 보람 있는 직업이 좋았고 또 신부님의 친구인 요양원 원장은 사람이 좋아서 마음이나 육신이나 병들어 괴로운 사람이면 누구나 고쳐 주기에 노력한다는 신부님의 말씀을 믿었기 때문이었다.

그러나 해주로 가려고 아주 작정하던 바로 그 전날 상훈이가 찾아와서 사랑하지도 않는 여자와 결혼을 하고 형주와 설주를 자기 앞으로 입적시키겠다고 말하고 갔다.

나는 그의 고마운 말에 목이 메었으면서도 홍가를 이가로 만들 수야 있느냐고 그만 성을 펄쩍 내었다. 상훈은 더 말을 못 하고 무안해하며 돌아갔다.

나는 그것이 미안하고 못 잊어서 그랬는지 상훈의 가슴에 내 얼굴을 파묻고 흑흑 느껴가며 울고 그이는 내 머리와 어깨를 어루만져 주고 쓰다듬어 주는데 나는 무엇이 슬퍼서 울었는지 자꾸만 울다가 깨고 보니 초승달이 진 검은 밤, 천장도 벽도 보이지 않고 오직 어둠이 공허한 방 안을 배회하고 있을 뿐이었다.

나는 허공을 눈으로 더듬으며 그가 쓰다듬던 머리와 어깨를 얼마를 만져 보았는지 모른다. 그를 잊으려고 멀리로 떠나는 노력을 하는데도, 그이는 왜 내 꿈 속에서까지 나를 괴롭게 하는지 나는 그를 원망하고 싶었다.

그러면서도 해주로 떠나는 바로 직전까지도 나는 플랫폼에서 전송하는 신부님의 눈을 피해가며 행여 그가 나왔을까 하고 수없이 찾았던 것이나 신이 아닌 그가 어떻게 내가 그를 만났을 때 가르쳐 주지 않은 사실을 알고 나와 주랴.

차에 올라서도 마음은 여전했다. 달리는 창턱에 턱을 괴고 검은 세상을 —— 아니 깊은 밤하늘에 반짝이는 별을 오래 쳐다보는 사이에 나는 내가 가진 슬픔, 내가 가진 번뇌, 이것은 나만이 가진 것이 아니고 또 그것이 이 지상에만 있는 것도 아니고, 온 우주에 태양과 별과 달과 그 모든 것에까지 있을 것 같은 생각이 들었다.

그러고 보니 별은 정말 하늘에서 모진 슬픔 속에 오열하는 것 같기도 했다. 잃어버린 무엇을 찾고자 헤매는 것 같기도 했다.

그러나 별들은 그 무수한 별 중에 어느 하나도 땅에 떨어지거나 몸부림을 치거나 하지 않고 오직 제 몸을 불사르며 캄캄한 밤하늘의 궤도를 지키고 있는 것같이 보였다.

나는 그러한 별들을 보는 사이에 문득 엄숙해져야 할 것 같은 충동을 받았다. 별이 하늘의 궤도를 벗어나지 않듯이 나는 지상의 궤도를 벗어나지 않을 인내와 극기와 성실과 용기를 준비해야 되겠다는 생각을 가졌다.

형주, 설주가 엄마와 처음 타 보는 기차가 즐거워서 바깥이 잘 보이지도 않는데 손가락질을 하며 재깔거리며 웃어대며 내게 여러 가지 질문을 하는데 나는 만족하게 그들 질문에 대답을 못 해준 일을 뉘우치며 그것들이 자는 옆에서 그들을 잘 성장시키는 것이 내게 던져진 운명이요, 내가 벗어나지 못할 지상의 궤도라고 마음 속에 다짐했다.

손소희

그 날의 햇빛은

갈가마귀 그 소리

그 날의 햇빛은

서 장

얇은 대학 노트를 한 손에, 다른 한 손에는 열쇠꾸러미를 움켜쥐고 진찰실에 돌아와 자리에 앉았다. 회진을 끝낸 것이다.

사환이 보리차 한 잔을 상머리에 놓아 주고 나가 버린다. 찻종을 당겨다 보리차 한 잔을 마시며 서랍을 열고 열쇠꾸러미를 넣었다. 회진을 마칠 때마다 문 간수에 유독히 신경을 써야만 하는 정신 병원의 의사는 마치 형무소의 문지기나 진배없이 가혹하게 이층 복도의 이중으로 된 문을 열쇠로 잠가 버려야 한다.

환자가 아무리 주먹질을 하더라도 잠겨진 문이 열리자면 반드시 열쇠가 필요하다. 그러나 그처럼 엄중한 문단속의 경계를 뚫고 용하게 도망쳐 버리는 환자도 있다.

의사의 지혜를 능가하는 환자의 지능이 승리하는 경우에 일어나는 사고다. 의사들은 그러한 경우라 하더라도 환자의 지능의 승리를 인정하지는 않는다. 어디까지나 그것은 정신이상의 소치로써 그저 광태로만 생각하면 해결이 되는 것이다. 사실 그것은 초인적인 힘으로 이루어지는 광태이니까 그렇게 판단을 내릴 수밖에는 없는 노릇이다.

그러나 이와는 다르게, 얼핏 판가름을 내릴 수 없는 조그만 사건 하나가 이 곳 뇌병원에 발생하였다. 그것은 같은 병실에 수용된 두 젊은 여자 환자가 이름 하나를 가지고 서로 자기의 이름이라고 고집을 쓰는 사건인 것이다.

물론 의사인 나는 그 두 환자의 이름을 모르는 바 아니지만, 서로 자기의 이름이라고 우겨대는 '진희'라는 이름은 내가 알고 있는 그 어느 환자의 이름도 아니었다.

그럼에도 불구하고 그녀들은 '진희'는 자기노라고 서로 자기의 이름을 찾아 달라고 나에게 호소하는 것이 아닌가. 그러고 약속한 지는 사나흘 됐지만, 사실 어떻게 손을 댔으면 좋을지를 생각해 보는 정도로 그치고, 다음 날 다시 회진을 하게 되었으나 나는 그만 그 문제를 깜빡 잊어버리고 있었다.

그러나 그녀들은 그 문제의 해결을 얻으려고 잔뜩 도사리고 있었던 모양이다. 둘 중 순희라는 여학생 환자는 에스더라는 상대를 노려보며 남의 이름을 훔쳐서 쓰는 사람하고 함께 있을 수 없으니 자기는 빨리 집으로 보내 달라고 졸랐다. 반대로 에스더 편에서는 어제와는 달리 새침한 표정으로 눈을 내리깔고 잠잠히 서 있더니 조용히 몸을 돌이켜 창가에 가서 밖을 내다보는 시늉을 하고 있었다.

그러자 그 여학생 환자는 불그레 상기된 얼굴을 실룩이며 에스더의 베개 밑을 손가락질해 보인다. 별 기대도 없이 에스더의 베개를 치키니 그 밑에 노트 한 권이 숨겨져 있었다.

의사의 직권으로 노트를 집어서 펼쳐볼 수도 있었으나, 에스더의 전신이 수녀라는 점을 참작해서라기보다 그 날따라 지나치게 침묵을 지키고 있는 그녀의 조용한 태도가 흡사 소나기를 부르는 천둥만 같이 느껴져 나직이 '에스더 양!' 하고 불렀다.

에스더는 들은 체도 아니하고 돌아서만 있더니 갑자기 홱 몸을 돌리고 사나운 눈으로 나를 흘겨보고 있었다.

숱 많은 머리와 우아하게 뻗은 눈썹과 총총한 속눈썹들이 핏기없는 얼굴에 해맑은 그늘을 지우고 있어서 나를 노려보고 있는 그녀의 모습은 처절한 매력을 지니고 있었다.

순간 그녀의 과거와 얽혀져 있을 그 처절한 매력이 엷은 진통으로 가슴 속을 굴러갔다. 그 때문이었으리라. 정상인에게 하듯 극히 부드러운 음성과 태도로 베개 밑을 가리켜 보이며 말했다.

"에스더 양이 베개 밑에 두어둔 게 무언지 나한테 보여 줄 수는 없을까?"

에스더는 상반신을 가늘게 떨며 눈동자가 옆으로 쏠리더니,

"내일 보여 드리겠어요."

하고 흘낏 순희 편을 곁눈질하고 있었다.

그러나 나는 에스더가 말한 '내일' 이라는 날짜에 별반 기대를 가지지 않은 채 그 날의 회진이 끝나는 대로 서로 자기가 진희노라고 우겨대는 그녀들의 뇌파 검사서를 찾아보았더니, 순희의 것은 되어 있고 에스더의 것은 되어 있지 않았다.

치료에 소홀했다는 자책과 함께 에스더의 뇌파 검사를 하려고 병실로 그녀를 찾았다. 뜻밖에 그녀는 예의 노트를 펼쳐 놓고 엎드려서 무언가 연필로 쓰고 있었다.

문득 아까의 그녀의 약속이 생각나서 은근히 고개를 끄덕여 주고 뇌파 검사를 다른 날로 미루고 진찰실로 돌아왔다.

그리고 에스더를 나에게 소개한 R군에게 전화를 걸었다. 전에 없이 에스더의 과거에 대하여 궁금한 생각이 들어 좀더 자세히 과거를 알 수 없겠느냐, 라는 주문을 R군에게 한 것이다. R은 S병원의 내과 의사로 근무하는 나의 동창생이다.

그 R군의 말에 의하면, 자기는 환자의 육촌 오빠인 신부를 병원에서 알게 되었을 뿐으로, 에스더에 관해 자세한 것은 모른다는 것이다. 그러나 꼭 에스더의 과거를 참고로 알고 싶다면 안젤라 수녀나, 혹은 신부인 그녀의 육촌 오빠에게 그 뜻을 전하겠노라고 하였다.

이튿날 회진 시간이다. 에스더는 예의 노트를 창가에 올려 놓고 나를 기다렸던 모양으로 내가 방에 들어서자,

"이거예요."

하고 노트를 내밀었다.

전연 이상이 엿보이지 않는 평온한 태도와 말씨였다. 순희는 경멸하는 눈으로 에스더를 흘기고 있더니,

"내 이름이에요, 진희가 나예요, 그런데 자기 이름이라지 않아요? 난 가겠어요. 저녁 차루 집에 보내 주세요."

하고 울상이 되어 졸라댔다.

정답게 순희를 달래 놓고 진찰실에 돌아와 에스더의 노트를 펼쳤다. 얌전한 여학생의 글씨만 같았다.

처음 뇌병원으로 오던 날도 그녀는 여학교 학생모양, 검은빛 치마에 흰 저고리를 입고 있었다.

새까만 제복의 신부와, 수녀의 부축을 받으며 역시 새까만 택시에서 에스더는 수줍은 얼굴로 내렸다. 진찰을 받을 때나 병실의 배정을 받을 때도 광기와는 반대로 얌전한 편이었다고 생각하며 장을 넘기니, 다음 장에는 꽤 활달하게 쓰여진 대목이 더러 있었다.

그런대로 차근차근 읽어 내려갔다. 그것은 어떠한 정신의 이상도 엿볼 수 없는 빈틈없는 문장이었다.

그보다는 차라리 정상인으로서도 쉽게 따를 수 없으리만큼 조리있고 정확하게 자신이 진희임을 밝히고, 또 여학생 환자인 순희가 진희란 자기의 이름이라고 착각을 일으키도록, 자신이 진희의 이름을 불러댄 연

유가 명확하게 쓰여져 있었다.

더욱 놀라운 것은 그녀의 수기 속에 유현 씨라는 사람과 임철 씨라는 두 사람 남성의 이름이 나타나 있는 점이었다. 어렴풋이나마 무슨 복잡한 사건이 있었나 보다고 추측되기는 하나, 사건의 윤곽을 종잡을 수는 없었다.

얼핏 어떤 생각이 머리에 떠올랐다. 그 두 남성이 얽혀든 사건을 초해둔 그녀의 수기거나, 아니면 일기 같은 것이라도 있을지 모른다고 에스더의 수기를 읽고 나서 다시 R군에게 전화를 걸었다.

만약 그러한 재료를 얻을 수 있다면 에스더의 병치료에 적지 않은 도움이 되겠다고 내가 읽은 수기에 대하여 대강 이야기하고, 에스더의 소지품을 조사해 보면 알 수 있을 거라는 나의 의견을 덧붙여 두었다.

그런 지 사나흘이 지난 어느 날의 오후였다. 등기 우편물 하나가 내게 배달되었다.

보낸 사람은 안젤라 수녀였다. 포장을 벗기니 두께가 이 인치나 되는 새파란 겉장의 노트로 뒷등은 가는 철사로 꿰매져 있었다. 겉장에는 아무것도 쓰여 있지 않았으나 그것이 에스더의 수기라고 쉽게 알 수 있었으며, 노트 속에는 안젤라 수녀의 쪽지가 들어 있었다. 가느다란 글씨로 쪽지에는 아래와 같이 적혀 있었다.

석 신부님의 연락을 받고 에스더 수녀의 책상을 뒤졌습니다. 맨 밑 서랍에 이 노트가 들어 있었습니다. 노트에는 빈틈없이 글이 쓰여져 있었습니다. 어쩌면 에스더의 남에게 알리기 싫은 비밀인지도 모른다고, 읽어 보지 않았습니다. 성호로써 천주님께 이를 고했습니다. 그렇지만 한편 에스더 수녀의 병치료에 도움이 되는 내용이 적혀 있기를 바라는 마음으로 이를 부쳐 드립니다.

수녀 안젤라

안젤라 수녀의 쪽지를 읽고 나서 나는 경건한 마음으로 그 푸른빛 노트에 적혀 있는 사연을 읽어 내려갔다. 읽어 내려가는 사이에 의사라는 나의 직업을 완전히 잊어버리고 있었다. 그만큼 그녀의 수기에 끌려가고 있었던 것이다.

이제, 여기 그녀의 수기를 옮기기로 한다. 1장은 이 곳 뇌병원에서, 2장은 발병하기 이전에 수녀원에서 쓴 것이다.

1 장

진희와 에스더, 이는 꼭같이 내 이름입니다. 이렇게 두 개의 이름을 가진 나는 요즘 흰 침대 위에서 살고 있습니다.

여기서는 카톨릭의 본명인 '에스더'로 통하고 있습니다. 그러나 수녀원과는 달리, 잠들어 있으나 깨어서 앉아 있으나 그것만은 아무도 간섭하지 않습니다. 또 일어나서 성모경이나 송도신경이나 고죄경이나를 외어도 그만이요, 외지 않아도 그만입니다.

소월이나, 베르레느의 시를 읽어도 읽지 않아도 마찬가지입니다. 토스카의 〈별은 빛나고〉를 노래하거나 베토벤의 로망스 곡을 흥얼거려도 막지 않습니다.

이 점만이 나의 에스더 시대와는 다릅니다. 말하자면 자유 분위기 속에서 무위한 내 인생의 욕망을 누려 보는 셈이 됩니다. 특히 이중창 밖에 달려 있는 굵은 살창문의 하늘빛 색은 여간 마음에 드는 것이 아닙니다. 비오는 날의 그 푸른 빛깔은 더욱 절실하게 눈과 가슴에 옵니다. 그래서 나는 그 창살문에다 진희라는 이름을 붙여 주고 때마다 불러 봅니다.

"진희, 진희 가까이 와요. 좀더 가까이 좀더 가까이서 에스더를 붙잡아 줘요."

이렇게 창살하고 이야기도 합니다. 어떤 때는 함께 노래를 부르자고 권해도 봅니다만, 창살은 쇠붙이가 되어 도무지 움직이지 않습니다. 그러나 옆 침대의 나의 어여쁜 소녀, 순희는 마치 자신이 진희이기나 하는 듯 가만가만 내 뒤에 와서 속삭여 줍니다. 진희 여기 왔어요 —— 하고. 그러나 내가 진희라고 부른 것은 옆 침대의 소녀가 아니라, 먼 먼 옛날에 불려지던 나의 이름입니다. 에스더 이전의 내 이름이에요. 사람과 사람들이 함께 불러 주고 사랑해 주던 내 이름이에요.

한동안 나는 성당에 다녔습니다. 혼란과 고민과 슬픔과 두려움을 천주님께 맡기기로 했던 것입니다. 그러나 고민과 슬픔과 두려움에 떠는 나의 기도 소리는 내게로 되돌아올 뿐이었습니다.

그리고 나는 나대로 말끔히 앉아 있었습니다. 눈은 그의 죽음을 지켜보고 있었습니다. 검은 연기가 차오르는 머릿속 사이사이에 지옥의 불꽃을 연상시키는 시커먼 불꽃이 튀고 있기라도 하듯, 찌릭찌릭하는 불길한 음향이 오고갔습니다. 그러나 입은 기도문을 외우고 있었습니다. 이 모양으로 육체의 나의 부분들이 한꺼번에 서로 그 소임의 기능을 발휘하는 틈바구니에 내가 서 있었습니다. 견딜 수 없었습니다.

나는 나를 헤집고 많은 나에게서 도망을 치듯 수녀를 지망했습니다. 그리고 다행이라 할 수 있겠지요. 마침 육촌 오빠가 신부였던 관계로 그의 추천과 보증으로 수녀가 되기 위한 공부를 시작했습니다. 집에서 수녀 공부를 하러 다니느니, 음침한 담장 안에서 세상하고 등을 진 수녀원이 차라리 나의 수양에 도움이 되리라고 애써 수녀원으로 들어갔던 것입니다.

하지만 여기에도 현실적인 조건으로 숙식비가 필요했습니다. 보석을 팔았습니다. 유현 씨가 미국으로 떠날 때 준 것입니다.

수녀원에서의 생활 석 달을 끝맺었습니다. 나의 머리에는 새로운 혼란이 일었습니다. 그 시꺼먼 번쩍이는 불꽃들이 이번에는 용암같이 진득거리는 액체가 되고 다시 그것들은 파도치는 물결이 되어 뒤눕고 번지기 시작했습니다.

성모상의 무거운 쇠 십자가를 진 예수의 상과 엄마의 치맛자락과 임철 씨의 대머리와 구부러진 팔이, 그 번쩍이는 용암 속에 휩쓸려서 소용돌이를 쳤습니다. 눈에는 네 개의 촛불이 팔락팔락 불꽃을 붙이며 그의 죽음을 지키듯 켜져 있는 것입니다.

그러나 그런대로 나는 수녀 공부를 계속했습니다. 그 모든 형상들을 물리치기 위해서입니다. 그러한 수녀 생활이 오 개월째로 접어드는 어느 날입니다.

어머니가 심한 독감으로 병원에 입원했다는 엽서를 받고 병원으로 쫓아갔습니다. 병원에는 뜻밖에 대머리에 승복을 입은 임철 씨가 와 있었습니다.

편지는 임철 씨의 의견으로 간호원이 써 보냈다고 했습니다. 고맙다는 치하를 잊지 않았습니다. 임철 씨는 중이요 나는 수녀이므로 우리는 꼭같이 평온한 낮으로 서로를 대할 수 있는 수양을 쌓은 몸이라고 자부했던 것입니다. 따라서 평범하게 그와 몇 마디 이야기도 주고받았습니다. 그리고 어머니를 위해 관유경을 읽어 드리고 수녀원으로 돌아왔습니다.

그 날 저녁입니다.

수녀원에 있는 기도실로 들어갔습니다. 네 개의 촛대 하나하나에 정성스레 불을 밝히고 무릎을 꿇었습니다. 성모상 앞입니다. 반쯤 치켜들고 있는 성모의 매끄러운 손길이 머리 위에 놓여질 수 있게끔 무릎걸음으로 바짝 성모상 앞으로 다가갔습니다.

"오 주 전능하신 천주와 평생 동정이신 성 마리아와 성 미가엘 대천신과 성 요한 세자와 종도 성 베드로, 성 바오로와 모든 성인 성녀께

고하오니, 나 과연 생각과 말과 행함에 죄를 심히 많이 얻었나이다.
내 탓이요.”

외고 주먹으로 가슴을 쳤습니다.

“내 큰 탓이로소이다.”

또 주먹으로 가슴을 쳤습니다.

성모의 눈이 조용히 나를 보는 것 같았습니다. 고죄경을 읽었던 것입니다. 연민이 서린 표정으로, 가엾은 딸아, 부르는 것만 같았습니다. 순간 나의 머릿속에 울굴히 솟아 있는 검은 바위에서 부연 안개가 피어나더니 뚝하는 소리에 뒤이어 검은 용암이 스물스물 머릿속을 메꿔가고 있었습니다. 의식이, 눈이, 머리가, 그것을 보고 느끼고 압니다. 그런 대로 나는 손과 손을 모아 꼭 깍지를 꼈습니다.

아베마리아, 그라티아, 풀레나, 도미뉴스, 베네덱타 —— 를 끝까지 외었습니다. 이 곳에 와서 배운 라틴 어의 성모경입니다. 촛불모양 팔락팔락 가볍게 입술을 움직이며 외고 또 외었습니다.

나불나불 네 개의 촛불이 뇌리에 스며들었습니다. 울굴한 바위가 이번에는 액체 모양 흐물흐물 흔들거리기 시작합니다. 다시 십자가를 지고 있는 천주님의 상 앞에 촛불을 켰습니다.

“전능하신 천주는 우리를 불쌍히 여기사 죄를 사하시고 우리를 상생에 나아가게 하소서, 아멘.”

그러나 그저도 나의 눈고리와 눈곱에서는 팔락팔락 촛불이 타고 있었습니다. 그리고 문득 유현 씨의 뻗어진 시체를 비춰 줍니다. 나는 생각했습니다.

내가 읽은 여러 경들은 모두 나의 입끝에서 버릇같이 읽혀졌을 뿐이라고, 두렵고 죄스럽고 한심한 마음으로 촛불을 끄고 가만가만 기도실을 나와 복도에 섰습니다.

멀리 입구 쪽에는 전등이 하나 켜져 있었습니다만 복도는 희미한 굴

속같이 어둡게만 생각되었습니다. 팔목에 걸쳐진 묵주를 한 알씩 넘겨 뜨리며 다시 우리말로 성모경을 읽기 시작하였으나, 끝내 끝을 맺지 못한 채 으악 소리를 질러 버리고 말았습니다.

발은 허공에 떠 있는 것도 아니요, 땅 위를 걷는 것도 아니요, 다만 물 속에서 물 속으로 물 속에서 죽음으로 죽음으로 흘러가고 있다고 깨달았습니다.

그러나 내가 소리를 지른 것은 그러한 나의 생각 때문은 아니었습니다. 그 희미한 불빛 아래로부터 누군가 내게로 향해 걸어오고 있었습니다. 그것은 분명 검은 양복에 넓고 흰 모자를 쓴 남자였습니다. 희고 큰 모자의 가장자리가 펄렁펄렁 흔들렸습니다.

우스웠습니다. 우스워서 그냥 지켜보고 있다가 그가 유현 씨라고 깨달았습니다. 순간 유현 씨가, 그이가 어떻게 여기까지, 아니 그는 분명 죽었는데 —— 하는 의식과 함께 손발이 부들부들 떨리고 입술까지 경련이 일어났습니다.

머리털이 하나하나 소름이 되어서 떨었습니다. 바로 그 찰나입니다. 내 머리는 무서운 폭음으로 폭발했습니다. 나는 번쩍이는 검은 빛깔이 찢기는 날카로운 소리를 들으며 완전히 의식을 잃고 말았습니다. 얼마 뒤였습니다. 에스더, 에스더 하는 소리에 눈을 떴습니다. 내 눈 위에 안젤라 수녀의 눈이 있었습니다.

"에스더, 나야 안젤라야, 자 입 벌려, 이거 포도주야."

나는 안젤라 수녀가 따라 주는 포도주를 마시었습니다. 그러나 안젤라 수녀는 계속해서,

"에스더, 왜 그랬지, 내가 기척이 없이 쓱 들어와서 놀랐던 모양야, 그렇지만 에스더, 여기선 놀라거나 무서워할 필요가 없어요. 천주님과 성모님이 우리와 함께 계시는 거야."

조용히 타이르고 나의 대답을 기다렸습니다. 나는 입을 굳게 다물고

일체 대답을 하지 않았습니다. 만약 사실대로 내가 느끼고 보고 그리고 들은 것을 이야기한다면 아마도 수녀원을 쫓겨날 것만 같았던 것입니다. 수녀원을 쫓겨나기라도 한다면 나는 또다시 어머니의 무한정한 눈물을 봐야 하고, 폐허와도 같은 임철 씨의 황량한 모습하고 마주치게 될지도 모른다고 생각하니 전신이 가위눌리듯 자꾸만 자지러져 갔습니다.

그러나 밝는 날입니다.

마침내 의사의 진단을 받았습니다. 병자라는 것이었습니다. 병자니까 병원에 입원해야 한다는 것이었습니다. 천만에, 내가 무슨 병자냐고, 속으로 무수한 반문을 거듭하고 있었습니다. 그 무수한 반문은 어느덧 나를 이끌어 그 잊을 수 없는 날 앞으로 나를 몰고 갔습니다.

그 날입니다. 그 날의 햇빛은 찬연했습니다. 내가 바닷가로 나갈 무렵 해서 햇빛의 생명력은 충만으로 절정에 이르러 있었습니다. 그러나 바로 그 시각에 유현 씨는 잠들어 있었습니다.

기왕이면 그이가 잠에서 깨어나기 전에 가 버리고 싶었습니다. 그리고 그의 희망대로 또는 나의 의사대로 다시는 땅 위로 되돌아오지 않을 것을 맹세하고 바닷가로 나왔습니다. 바닷가의 잔잔한 물살이 발목에 다정했습니다.

깊은 데로 더 깊은 데로 찬란한 햇빛이 잠겨드는 물결을 가르며 헤엄쳐 나갔습니다. 내가 기억하고 있는 그 날의 정오 무렵의 사건은 이것뿐입니다.

신의 축복을 받지 못한 슬픈 목숨이 익사를 면하고 의식을 도로 찾았던 것입니다. 나의 그 슬픈 목숨이 의식의 회복을 본 것은 저녁 일곱 시 경이었습니다.

어찌 된 셈인지 유현 씨 모습이 눈에 띄지 않았습니다. 의사를 부르러 서울로 떠났다고 어머니가 말했습니다. 이상하리만큼 유현 씨가 기다려졌습니다. 서울서 그이가 돌아오면 그이의 손목을 꼭 잡고 있어야 하겠다고 생각했습니다.

그이가 다시 죽음을 강요하면 그이에게 살려 달라고 애원하리라고 생각하며 깊은 잠 속으로 떨어져 갔습니다. 그리고 다시 잠에서 깨났습니다. 훤히 창문이 밝았습니다. 주위엔 아무도 없었습니다. 공연히 기분이 좋았습니다. 살아 있다는 것이 대견했던 것입니다. 문득 귀를 기울였습니다. 밖에서 웅성거리는 사람의 말소리가 들렸던 것입니다. 비치 코트를 걸치고 밖으로 나갔습니다.

조금 떨어진 곳에 횃불 몇 낱이 켜져 있고 사람들이 둘러서 있었습니다. 창문이 훤한 것은 횃불 때문이라는 생각을 하며 웅성거리는 사람들 곁으로 다가갔습니다. 사람들 속에는 사람이 하나 누워 있었습니다. 대뜸 유현 씨라고 알았습니다. 그리고 그것은 유현 씨의 시체라고 알았습니다. 남의 집이 되어 그의 시체는 그렇게 밖에 뉘어져 있다는 것도 알았습니다.

수박을 먹고 잠들어 버렸던 그가 잠에서 깨어나 보니 내가 보이지 않아 허둥지둥 바다로 달려나갔고 그리고 목메인 소리로 내 이름을 부르며 물 속에 뛰어들었다는 것과, 그와 나는 함께 구조선에 의하여 구출되었으나, 그러나 그는 죽고 나는 살아났다는 사실을 알았습니다.

그 때문입니다. 나는 혼을 잃은 사람들 틈에서 살고 있습니다. 두 개의 이름의 틈바구니 속에서 살고 있는 것입니다. 그러나 나의 불만은 이것만이 아닙니다. 보다 큰 불만이 있습니다.

첫째는 나를 세상에 보내 준 엄마가 고맙지 아니하다는 것입니다. 일찍이 내가 세상에 오기를 원한 바 없으니까요.

둘째는 내 인생의 운전도 원한 바 없다는 것입니다. 그러나 아직도 나는 이 광대한 공간에 생을 이어 있고, 또 부질없는 시간 속에서 천지

간에 광명을 보고 있음을 죄스럽게 생각하는 바입니다. 다만 그 때문이라고 생각합니다. 이 흰 벽과 흰 문과 흰 침대를 하직하고 여기를 떠나는 날 나는 다시 성모의 상 아래 무릎을 꿇을 수밖에 없다는 것은, 그것은 무수한 성진의 운전이 일깨워 준 원죄에의 복무가 남아 있는 때문이 아닐까요.

—— 뇌병원에서 ——

2 장

구포리에 머물러 이레째 되는 날입니다. 나는 그 날 나의 마지막 날이 다가왔음을 직감할 수 있었습니다.

그 사이 나에게 한 번도 웃는 얼굴을 보이지 아니하던 그이가 처음으로 웃음을 보였을 뿐 아니라 친절하고 다정한 음성으로 진희 진희, 하고 내 이름을 자주 불렀던 것입니다.

슬픈 일이었습니다. 나의 죽음을 의지하는 마음과, 그의 나의 죽음을 갈망하는 숙원으로 맺혀진 증오심을 없이 하기에는 나의 힘이 미치지 못했던 것입니다. 따라서 더할 나위 없이 어머니가 불쌍했습니다. 그러나 그런대로 나는 즐거운 듯이 지껄였습니다.

열한 시쯤입니다. 그이는 엄마보고 얼음을 사다가 수박을 채워 달라고 부탁하고 나서 짐짓 벙싯거리며 상머리에서 몸을 일으켰습니다.

'인제 준비가 끝난 모양이지.'
생각하니, 이상하도록 마음이 가라앉고 침착해지며 슬픔을 즐거움처럼 가슴 가득히 부풀리고 있었습니다.

일곱이라는 숫자는 행운을 점지하고 행운을 상징하는 숫자라고 한동안이나마 미국식 사고에 젖어 있는 그의 머리는 나의 마지막 날을 그 날로 택했음이 분명하다고, 나는 그처럼 슬픈 체념에 만족하고 있었던 것입니다.

서로 이야기를 나눕니다.

그러나 그이는 미국에서 지내던 이야기를 하였고, 나는 어려서 귀신의 손가락을 본 이야기를 하였습니다. 그러면서도 그의 동작에서, 웃음에서, 이야기 속에서 그가 나에게 마지막 시간을 어떻게 시사하고 있나를 열심으로 캐고 있었습니다. 그리고 다른 한편으로는 죽을 수 있는 세 번째 기회니 아마도 어김없이 죽어질 것이라는 생각도 하고 있었습니다.

속담에, 일의 실패수도 성공수도 세 번째로서 판가름이 난다고 합니다. 만약 그러한 속담이 나의 경우에도 적용된다면, 그 어느 지난 봄날에 두 번씩이나 죽는 데 실패한 것도 우연한 원인이 아닌지도 모릅니다. 말하자면 세 번째로써 죽음에 대한 나의 의지를 성취시켜 주려는 것인지도 모른다는 뜻입니다.

정오 무렵입니다. 언제나처럼 거울 앞에 마주섰습니다. 그러나 다른 때와는 달리, 숱 많은 털에 묻힌 눈동자에 확 불이 당겨졌습니다.

'잘 봐둬야 해, 이번이 마지막이니까. 몇 해 동안 지긋지긋하게 거울에 비춰본 네 얼굴이야.'

속으로 뇌이며 노랑빛 해수욕 모자에 같은 빛깔의 케이프*를 두르고 그 위에 깃이 넓은 비치용 모자를 썼습니다. 바다에 들어갈 때 케이프와 깃 넓은 모자만은 비치 파라솔 밑에 던지면 그만입니다. 찬란한 햇빛을 가슴 가득히 껴안고 있는 푸른 바다에 피어난 한 떨기의 수선화같이 한동안 떠다닐 생각이었습니다.

거울 속에는 그의 얼굴이 끼어들었습니다. 등 뒤에 그가 서 있었던

---

* 케이프(cape) 망토의 한 가지. 어깨, 등, 팔이 덮이고 소매가 없음.

것입니다. 갑자기 거울 속의 그의 얼굴에 고뇌가 버섯처럼 솟아났습니다. 비통이 입언저리를 통해 비죽비죽 밀려 나올 것도 같았습니다.

'부디 강하소서, 나는 절대로 아무렇지도 않아요.'

그의 그러한 표정은 나에게 시간이 다가왔음을 종용하는 것이라고 나는 입 속으로 말을 삼키며 거울 앞을 물러나와 바다로 향했습니다. 못 견디게 발바닥이 따가웠습니다. 그러나 모래알 하나하나에까지 뿜어지고 있는 뜨거운 태양의 생명력에 새삼스러운 감사의 미소를 잊지 않았습니다.

'나에게 약속된 영원이라는 세계, 그 세계에는 태양의 열기가 어쩌면 아쉬운 것이나 아닐까? 나는 지금 바다로 가는 길이니까.'

노랑빛 케이프와 깃 넓은 모자를 벗어 비치 파라솔 밑에 던져 버렸습니다. 뒤에는 웃음도 울음도 잃어버린 듯한 그이가 따라오고 있었습니다. 그이에게는 다만 보낸다는 의무만이 남아 있다고 알았습니다. 그의 일기에는 날짜와 청명한 날씨와 나와의 행복된 대화까지도 적혀 있는지도 모릅니다.

물가에 다다랐습니다. 찰랑찰랑 물결이 발목을 핥았습니다. 물장난을 치며 그이를 돌아다보았습니다. 그이는 웃고 있었습니다. 석달 반 동안 그렇게도 웃음에 인색하던 그의 상쾌한 웃음입니다. 주위에는 몇 패의 피서객이 잡담들을 하고 있었습니다.

"우리 여기 좀 앉았다가 들어갈까?"

비스듬히 모래 위에 누워서 한 손으로 모래를 움켜쥐고 손가락 새로 모래를 흘려 보내며 그가 내게 말하는 것이었습니다.

잠자코 그의 곁에 앉았습니다. 뭇시선들이 잠깐씩 그와 나 사이를 거쳐갔습니다. 나의 죽음이 절대로 고의적이 아니요, 불행한 우연이 일으킨 사고였다고 그들은 과장해서까지 자신들의 눈으로 본 사실 그대로를 이야기해 줄 훌륭한 증거인들입니다. 그이는 모름지기 더 많은 증거인의 입을 통하여 그 시각의 우리들의 행동이 밝혀지기를 원하고 있는 눈치였습니다.

해는 머리 위에 있었습니다. 그러나 이따금 바람이 하얀 파도를 밀어내고 밀어내고 했습니다. 더위는 거의 의식 속에 없고 주변에 뒹구는 수영객들이 한결 신경이 쓰였습니다.

그러나 그런 대로 그이나 나는 두 자 정도의 거리를 두고 제각기 드러누워 모래로 움막을 짓고 헐어 버리고, 또 지어놓고 하는 장난을 계속하고 있었습니다. 모래움 속에서 유발되어 나오는 먼 과거와, 살아본 적도 없는 미래에의 향수가 뜨거운 고독처럼 뭉클뭉클 가슴을 덮었습니다. 그이도 아마 모래움 속에서 피어나는 향수의 냄새를 맡았던 모양으로,

"나는 남보다 터를 많이 잡았더랬어. 이렇게 모래움을 세울 때면 몹시도 기가 나더니, 어려서두 욕심쟁이였나 보지. 진희는 어쨌을까? 나처럼 욕심쟁이였을까?"

그이가 물에다 돌을 던지듯 느릿느릿 말을 했습니다.

"나두 그랬어요, 터를 많이 잡았어요. 그 대신 집은 조그맣게 지었지요."

주먹으로 모래를 움켜쥐고 손가락 새로 흘려서 움의 둘레에다 울타리를 세우며 지껄였습니다. 서울을 떠나온 뒤, 처음으로 지껄인 행복된 회화였습니다.

"널따란 뜨락에 조그만 집 한 채, 너무 외롭지 않을까?"

"좁은 집은 외롭지 않을 것 같았어요. 무섭지두 않구요. 집이 넓으면 무서울 테니까요. 참, 엄마 올 시간이 가까웠을 텐데요."

은연중 어머니가 오기 전에 일을 끝내자는 경고를 그에게 하였습니다. 어머니가 끼어듦으로 해서 그이와 나와의 은밀한 계획이 좌절될 리는 없었습니다만, 그러나 없는 것보다는 안전하지 못합니다. 흔히 엄마

는 내가 물 속에 있는 시간이면 바다와 대결이라도 할 듯이 무서운 눈초리로 바다를 지켜보기를 게을리하지 않았습니다.

물결이 나를 삼켜가지는 않을까, 자기 딴엔 은근히 경계하는 한편, 때로는 나와 그이, 유현 씨와의 사이에 물 속에서나마 화해가 성립되고 인연이 맺어지기를 바라는 눈치기도 하였습니다.

나는 그러한 엄마의 심중을 이해하고 또 그러한 엄마의 기원을 이루어 드리기 위하여 때때로 내가 죽음을 모면할 생각을 가져 보기도 하였습니다만, 그의 비웃음이 섞인 입귀를 기억하는 한, 내가 죽음에서 풀려난다고 해서 죽음보다 나은 세상을 살 수 없음을 다시금 깨달았던 것입니다.

그는 다시 나에게 이야기할 것을 요청해 왔습니다.

"웬걸 그렇게 속히 올 수 있을라구?"

너그러운 미소까지 잊지 않았습니다. 제삼의 목격자와 증인을 획득하는 데는 치밀한 계획이 필요하다고 나 역시 찬성이었습니다. 그러나 이상 더 시간을 끌어야 할 이유가 없다는 것을 눈으로 암시하며 나는 얼른 바다로 들어갈 것을 종용하였습니다.

그는 알았노라는 듯 고개를 한 번 끄덕해 보이고 한 팔을 뻗어 나에게 손을 잡아 일으켜 달라는 시늉을 했습니다.

일어나서 허리를 구부리고 무거운 짐을 끌기라도 하듯 그의 팔을 잡아당겼더니 그는 가까스로 끌리어 일어나는 사람모양 다른 한 팔로 모래밭에 끄을린 자국을 남기고 일어났습니다.

함께 웃었습니다. 그러나 다음 순간 그이는 햇볕을 꺼리기라도 하듯 약간 미간을 찡그러뜨리고 두 팔로 두 무릎을 안고 무르팍 안에 고개를 떨어뜨리고 있었습니다. 고개를 떨어뜨린 그의 얼굴에서 그의 입귀가 뒤틀리는 것을 눈여겨보며 충족된, 그러나 아픈 미소를 짓고 하늘을 살폈습니다. 흰구름이 둥둥 푸른 하늘 위로 떠갔습니다. 떠가는 구름 밑에 떠 있는 새파란 하늘, 갑자기 두 팔을 벌려서 그 새파란 하늘을 받들고 싶은 충동으로 팔굽이 저려났습니다. 찬란한 자유가 약속되어 있는 죽음에 대한 동경이 광적인 정열을 불러 일으켰는지도 모릅니다.

"후우, 더워라."

입으로 숨을 내뿜고 뻗치고 싶은 두 팔을 안으로 오그려 가슴에다 바람을 청하며 달음질쳐서 철버덩하고 물 속에 뛰어들었습니다. 그이도 뒤따라 물 속에 뛰어들었습니다. 나는 나대로 헴질쳐서 그와 멀리 떨어졌을 때, 물 위로 몸을 솟구고 그에게 손을 흔들어 보였습니다. 마지막 인사를 그렇게 하였던 것입니다.

그러자 유현 씨는 내게로 다가오며 한 손을 들어 좀전에 우리가 앉아 있던 모래밭 쪽을 가리켰습니다. 엄마가 우리를 손짓하고 있었습니다. 잠시 그이를 바라다 보았습니다. 그의 의견을 쫓기 위해서가 아니라 그의 표정이 궁금하였던 것입니다.

"목이 칼칼하군, 나갔다 옵시다."

미간을 모으면서도 입가에는 웃음을 잊지 않았습니다. 엄마가 그렇게 서 있는 한 그와 나와의 공동 목적인 나의 죽음은 이루어질 수 없다고, 나 역시 그의 뒤를 따라 물 속을 나왔고 어머니가 세워논 비치 파라솔 밑으로 달려왔습니다. 그리고 거기서 얼음에 채운 참외를 먹었습니다.

"참외를 먹구나니 몸이 노곤하군. 다리를 내놓고 일광욕이나 좀 할까?"

그이는 다리를 파라솔 밑으로 내밀고 북쪽을 향해 옆으로 누워 버렸습니다.

"너두 한잠 자구 나오려무나, 점심 시간인데."

엄마가 힐끗 그의 넓적다리와 새까맣게 탄 어깨놀이에 눈을 주고 나서 다정한 음성으로 속삭였습니다.

"여기가 시원해요."

케이프를 꿍겨서 머리에 디밀고 그이와 반대로 남쪽을 향해 누웠습니다.

얼마나 시간이 흘렀을까요.

둥둥둥 하는 북소리에 눈을 떴습니다. 그 사이 잠깐 눈을 붙였던가 보았습니다. 불빛과 벚꽃으로 가려진 뿌연 공간에 벚꽃이 날고 있었습니다.

창경원 벚꽃놀이의 마지막 밤의 광경이 눈을 떠도 그대로 눈 속에 남아 있었습니다. 북소리도 마찬가지였습니다. 고개를 들고 북소리 나는 곳을 바라다 보았습니다. 펄럭펄럭 종잇장이 날아다닙니다. 나는 그 밤의 그 무수히 져오던 벚꽃을 상기하며 어머니에게 삐라(전단)를 주워다 주기를 청했습니다.

삐라는 엄마 손에서 내 손으로 옮겨지고 나는 소리를 내어 그것을 읽었습니다.

'수, 내림, 천일 서커스단 대공연, 피서객 제위 위안차.'

삐라를 손바닥 위에 올려놓고 후우 입으로 불어서 그에게로 날려 보냈습니다. 둥둥 둥둥 북을 치며 삐라를 뿌리고 있는 서커스단의 선전놀이는 여전히 계속됩니다.

때를 같이하여 눈 앞에는 창경원 벚꽃놀이의 마지막 밤의 광경이 떠올랐습니다. 하늘은 벚나무와 벚나무에 달아 놓은 무수한 불빛에 가려서 마치 음울하고 깊은 동굴모양 아득히 패어져 있었고, 나뭇가지 사이로 어쩌다가 보여지는 별빛은 동굴 속에 켜져 있는 등불과도 같이 어른거렸습니다.

잡다한 소음과 교성의 조율 속에 놀이터는 움직이는 무대가 되어 벚나무에서 벚나무로 이어져, 흥겨운 광란의 향연은 밤과 더불어 썩어가는 과일의 향기를 풍기며 무르익어 갔습니다.

임철 씨와 나는 어느 언덕 위에 앉아 있었습니다. 머리를 제끼면 기 댈 수 있는 굵은 벚나무가 등 뒤에 있었습니다. 몇십 년이나 살았는지 가죽이 엉망으로 갈라진 늙은 벚나무였습니다.

그러나 벚나무의 연륜은 조금도 부럽지 않았습니다. 떠오르는 햇볕 처럼 찬란한 생명을 지닌 채, 임철 씨와 더불어 죽어갈 것을 생각하니 보드라운 흙의 감촉이 햇볕같이 다사롭게 온몸에 감각되었습니다.

이따금 임철 씨와 나 사이로 바람이 지나가면 나붓나붓 벚꽃이 져 왔 습니다. 어깨 위에, 무릎 위에, 그것들은 바람의 회화처럼 하얗게 져 왔 습니다.

나는 치마 위에 쌓이는 벚꽃을 주워 서커스단의 삐라모양 불어 버리 기도 하고 사지를 뻗고 나의 한옆에 누워 있는 임철 씨의 코를 간질러 주기도 하였습니다. 그러한 경우 임철 씨는 무거운 눈꺼풀을 열고 빛 없는 눈으로 나를 바라다보았던 것입니다.

"낙화예요."

낙화처럼 가만한 목소리로 그에게 일러 주는 것이나, 절대로 그의 눈 을 보지 않았습니다. 타협을 잃은 생존에, 피차 미련을 가지지 아니하 기 위해서였습니다. 그러나 임철 씨는 손을 들어서 머리를 고이고 있던 한 팔을 뽑아 나의 손을 잡고 다시 내 손을 자기의 입에다 가져갔습니 다.

"진희, 우리는 영원히 살기 위해 지금 이 마지막 순간의 소요를 듣고 있습니다."

그는 나의 손을 잡고 일어나 앉더니 다시 말을 이었습니다.

"저 어릿광대의 인생들을 보십시오, 얼마나 즐겁게들 보입니까. 그렇 지만 어쩌면 저 사람들 역시 우리를 어릿광대의 남녀라고 볼는지도 모르죠. 그러나 우리는 어릿광대도 아니고 즐겁지도, 또한 불행하지도 않습니다. 그런 대로 다행한 것은 어릿광대의 놀이 속에서 탈출할 수 있다는 사실입니다. 때문고 더럽혀지기 전에 우리는 벚꽃처럼 화려하고 경건하고 장엄한 아름다움으로 삶을 끝내게 되니까요. '카프카' 가 도달하지 못한 성을 뒤에 두고 우리는 한걸음 더 먼 성으로 가는 것입니다. 살아 있다는 건 그건 어김없는 '카프카' 의 변신이 보여 주는 치욕의 연장일밖에요."

처음에는 헛소리같이 지껄이기 시작하던 임철 씨의 어조는 차츰 열기가 보태지기 시작하였습니다.

"이제 우리의 유형은 끝나갑니다. 일찍이 에덴을 쫓겨난 인간의 생존지는 창조의 신이 마련한 그의 유형집니다. 우리는 그 유형지에서 삶을 이어 왔습니다. 황폐한 신의 유형지인 지구에 새로운 신화는 창조되지 않습니다. 그대신 인간은 나날이 현명해 갑니다. 우리도 그 현명하게 태어난 덕분으로 인간의 유형지인 지구에서의 탈출을 꾀하는 것입니다. 이 유형지로부터의 탈출의 성공을 비는 뜻으로 최후의 축배를 듭시다."

까딱없이 지껄여 대는 그의 얼굴에는 굵은 동요가 지나갔습니다. 그는 나를 설복하느라고 거짓말을 하나 보다 생각하며, 나는 조용히 그물주머니에 든 먹을 것을 그와 나 사이의 중간 지대에 놓았습니다. 스물스물 나의 입귀에 경련이 지나갔습니다.

바람이 지워 주는 나무 그늘들은 엄마의 누르팅팅한 물에 불은 손길이 되어 눈앞에 어른거렸습니다. 버들가지의 털같이 연하고 보드랍던 엄마의 손길이 그와같이 누르팅팅하게 변모하는 동안, 나의 주변에도 상당한 변화가 있었던 것입니다.

여고를 나와 다시 대학에 진학했습니다. 영문과와 국문과와 음악과를 두고 선택에 망설인 것은 내가 가진 바 소질이나 실력이 문제된 것은 아닙니다. 유현 씨의 의견을 따랐을 뿐입니다. 유현 씨의 부친이 경영하는 제약 회사의 일을 거들어 드린다는 명목으로 학자를 마련할 수 있었던 나는 음계에는 비교적 민감한 편이었습니다.

내가 대학에 들어간 다음 해 봄에 유현 씨가 대학을 나왔습니다. 한 해 반의 병역을 치르고 그만큼 늦었던 것입니다. 그러나 대학을 나온 그는 다시 학업을 잇기 위해 미주로 떠나가게 되었습니다.

미주로 떠나가는 기념으로 그는 덕수궁까지 나를 불러내다 사진을 찍어 주었습니다. 그리고 어느 고급 그릴에서 저녁을 먹여 주고 다시 극장 구경을 시켜 주었습니다. 그러나 우리만의 비밀로 간직하고 있었습니다.

더욱이 그에게서 받은 고가한 루비 반지건에 대해서는 굉장한 음모라도 획책한 사람모양 나는 그 탄로를 겁내고 있었습니다. 진희의 살빛이 너무 해맑아서 홍옥으로 반사를 시키면 따뜻한 빛깔로 변하게 될지도 모른다는 주석과 함께, 떠나는 기념으로 루비 반지를 내게 주었던 것입니다.

어머니는 고독한 나이를 먹어온 여자의 시기와 요행과 주인댁에 대한 의리를 합친 숱한 잔사설을 늘어 놓으며 내게서 진주 반지를 빼앗았습니다. 자신이 간수한다는 것입니다.

앞으로 진희에게 어머니의 은공을 표창할 수 있는 지위가 얻어진다면 어떠한 빛깔의 훈장을 달아 드릴까 —— 나는 싱겁게도 해돋이 하늘에 피어나는 황금빛 노을과 장미꽃 형의 훈장 모양을 생각하고 있었습니다.

봄과 여름과 가을, 이렇게 세 철에 걸쳐, 지고는 피어나는 왕성한 생명력과 스스로를 지키기에 사뭇 가시로 무장을 하고 있는 장미꽃 모양의 훈장이, 어머니에게는 가장 알맞을 거라는 엉뚱한 생각을 하며 폭발물이라도 넘기듯 조심스레 유현 씨의 선물을 어머니에게 넘겼습니다.

그런 지 얼마 안 되어 유현 씨의 해외 안착의 제일신은 덕수궁에서 찍은 사진들과 함께 구혼의 뜻도 고백해 왔습니다. 새삼스레 놀란다거나 하는 것은 뱃속 깊이가 상당한 길이를 가진 사람들의 제스처 정도로 무의미한 것이었을 겝니다. 더욱이 그의 편지 구절구절에 엿보이는 자신과 독단적인 언사들은 어머니와 나에게 따뜻한 앞날을 약속해 주었습니다.

붉은 구슬은 사랑과 절개와 결의를 뜻하는 것이므로, 우리는 이미 남이 아니요 앞날을 기약한 사이라고, 그러나 떠나기 전에 이 뜻을 밝히지 아니한 것은 자신의 정열과 그의 어머니의 병환에 평지 파란을 일으킬 시기가 못 된다고 판단한 때문이었다고. 이것은 그의 편지의 일절입니다.

이러한 그의 편지를 받고 나서 생각하니, 언제부터인가 나 역시 그를 사랑하고 있는 것만 같았습니다.

그것은 임철 씨를 만나기 이전인, 그가 군에서 돌아온 직후의 어느 날부터 비롯한 것도 같고, 그로부터 한 달쯤 뒤인 그의 생일 잔칫날의 그 어쩔 줄을 몰라하던 표정에 맞닥뜨린 순간부터 비롯된 것도 같았습니다.

아니면 그가 나의 눈가래를 잡고 놓지 않던 순간인지도 모릅니다. 그것도 아니면 크리스마스를 며칠 앞둔 빵집에서의 그의 수줍어하던 시선에서 시작된 것인지도 모릅니다. 그러나 그의 어머니의 이상할 정도의 친절과 은근한 경멸이, 그에게로 향하여 열리려는 나의 마음문에 자물쇠를 굳게 잠그고 있었는지도 모릅니다. 혹은 밑바닥에서 밑바닥으로 굴러갈 수밖에 없는 체념의 속삭임 —— 그의 어머니의 며느리는 사절해야 한다는 독백이, 그와의 거리를 막고 있었는지도 모릅니다. 아마 그 때문이었겠지요.

그의 편지는 나와 그 사이를 막고 있던 둑이 밀물에 휩쓸려 가버린

듯 무한정 뿜어지려는 나의 생명력을 깨달았습니다. 엷은 바윗돌에 가려져 뿜어지지 못하고 있던 샘수와도 같이, 맹렬한 기세로 나의 정열을 파헤치기에 버거웠습니다.

열기를 뿜는 숨결을 지닌 편지가 태평양을 건너가고 건너왔습니다. 마음보다도 더욱 과장된 언어로써 모처럼 잡은 행운에의 약속을 굳히고 있었던 것입니다. 임철 씨와의 어줍잖은 추억의 반발이었는지도 모릅니다.

그러나 그렇게 몇 번인가 편지를 쓰다 보니, 언제부터인가 뚫어진 공허의 동굴을 가슴 속에서 발견했습니다. 불우한 나에게 부수되는 행운에의 불신과 불안이었는지도 모릅니다.

그 때문이었을까요. 회신을 쓸 때마다 유현 씨의 귀국을 기다리는 보람을 피력하고, 그리고 모든 사랑하는 사람들이 가질 수 있는 알뜰한 말로써 하루의 생활을 알리는 데 게으르지는 않았습니다. 그러면서도 때로는 그의 가족들에 대하여 불안과 공포 대신에 은밀한 자족까지도 경험하고 있었습니다.

엄마의 고단한 생애가 앞으로 정상한 햇빛을 누리게 되리라는 희망은 굴욕이나 열등감을 고스란히 스스로의 것으로 지니고 있는 나에게 통쾌한 복수를 꿈꾸게도 하였습니다.

그러한 백일몽이 계속되는 시간이면 거만하게 등어리를 펴고 행복한 설계를 그러모으는 행운에의 기갈자이기도 하였습니다.

그러한 시간이면, 그의 부친에게서 얻는 수표로써 장차 얻어질 대학 졸업장과, 그의 집 가정부의 딸이라는 불미한 딱지를 송두리째 그에게 바칠 수 있다는 것은 적이 영광된 일이며 행운의 점지라고, 두껍지 못한 나의 가슴은 이제 올 안온한 행복감에 기대볼 수도 있었습니다.

아닌게아니라 사실상 가난과 치욕의 날들은 머지 않아 나와 어머니께서 떠날 수밖에 없었습니다.

하루하루 그 날이 다가왔습니다. 그러나 지구 위에는 태풍과 지진이라는 막을 수 없는 천재의 변이 있음과 같이, 나에게도 그러한 이변의 밤이 찾아왔던 것입니다.

그것은 그이가 미주로 떠나간 지 두 돌이 차오는 어느 이른 봄날입니다. 어디선가 봄냄새가 흘러올 것도 같았습니다. 밤은 밤대로 살뜰한 안개로 감싸 주었습니다.

그 밤은 또한 '오페라 토스카'의 밤이기도 하였습니다. 국립 극장의 이층에 자리를 잡고 앉았습니다. 껌 냄새가 확 코를 찔렀습니다. 얼굴을 돌려 껌 냄새를 찾았습니다.

그리고 다음 순간입니다. 분명히는 모를 그 어떤 공포에 몸을 떨고 있는 내 자신을 똑똑히 보았습니다.

그는 어김없는 그였습니다. 밤하늘의 그 중 빛나는 별빛을 한 눈으로 그가 지금 나를 보고 있다고 몸을 떨었던 것입니다. 순간 불치의 병이라는 선고를 받은 기분이기도 하였습니다. 모든 체내의 혈액들이 색소를 잃고 하얗게 변질되는 것을 막기 위하여 핏줄들이 서로 줄다리기를 하고 있었습니다. 혜성의 꼬리같이 빠르고 고른 광망이 내가 그를 발견한 다음 순간에 가슴으로 떨어져 왔던 것입니다. 혜성의 광망 —— 그것은 다름아닌 임철 씨의 시선이었습니다.

어느덧 그의 부드러운 머리털에서 추억의 아픈 목마름을 느끼며 '파리스' 왕자에게 그를 비겨 보는 어리석음으로 인연하여 목숨이 단축되어도 할 수 없다고 생각했습니다. 이미 그가 던진 굴레바퀴 안에서 그와 함께 뜀질을 하고 있는 나 자신을 보았던 것입니다.

무서웠습니다. 가까이 다가서면 부서져 버릴 것만 같은 위태로운 외구*에 몸을 떨며 그가 학교에서 자취를 감추어 버린 두 해 반 전의 그

---

* 외구(畏懼) 무서워하고 두려워하는 것.

마지막 밤을 상기하며 속으로 뇌까렸습니다.

'운명의 밤이 온 거야.'

가슴을 안고 가슴에다 일렀습니다. 그 주변이 답답해지기 시작했던 것입니다.

"오늘이 없기를 바라고 있었지요."

한 막이 끝나자 그는 범연한 얼굴로 이렇게 말하고 웃었습니다.

"내 예감을 믿었던 것뿐예요. 나는 목숨이 무서웠어요."

열에 들뜬 사람모양 우스꽝스런 말을 지껄였습니다. 서로 사랑한다고 입에 담아 본 적도 없는 사이였습니다. 그러면서도 우리는 서로의 시선을 믿고 있었고 그 시선이 그대로 서로의 공기이기도 하였습니다.

"그러면서도 나는 또 다른 예감을 믿고 있었어요. 언젠가는 이렇게 우리는 서로 만나지리라는 것을."

그는 같은 말을 다시 지껄였습니다.

"마치 이유라도 있었던 것 같군요."

뒤늦게나마 나는 서로의 발언을 부인하지 않을 수 없었습니다. 그리고 부인하면 할수록 낙조같이 내려지는 찬란한 그리움은 힘으로도, 이성으로도, 이해로도 막을 수 없었습니다.

튕기면 튕길수록, 비꼬면 비꼴수록, 침묵을 지키면 지킬수록 감정은 입김에 불어나는 풍선같이 커갔습니다.

대학 일년의 어느 가을 날입니다. 그 날도 나는 발성법이 나쁘다는 어느 교수의 충고에 따라 늦게까지 혼자서 피아노를 두들기며 발성 연습을 하고 미술관 쪽으로 해서 걸어나왔습니다. 마침 조형실 문이 열려져 있었습니다. 안을 들여다보았습니다. 열려져 있는 문 사이로 몇 개의 조각들이 눈에 비쳤던 것입니다.

호기심에 끌려 목을 빼들고 기웃거리며 안에 들어서다가 그만 못박힌 듯 그 자리에 서 버리고 말았습니다. 석고 반죽을 한 손에, 다른 한 손에는 인두 모양을 한 연장을 든 학생이 일손을 멈추고 나를 내다보고 있었던 것입니다.

가슴에서 쿵 소리가 났습니다. 그리고 그 학생의 눈은 못박힌 듯 불의의 침입자인 나에게로 쏠리고 있었습니다. 나는 놀란 자라모양 모가지를 움찔했습니다.

언제 어디선가 본 얼굴이었던 것입니다.

"누굴 찾으세요?"

드디어 그 학생이 입을 열었습니다. 순간 뒷걸음을 쳤습니다. 뒷걸음을 치는 나의 온 지각들의 소리를 들었습니다.

'그이다, 틀림없는 그이다. 창피한 일이다, 창피한……'

마치 물건을 훔치려다 들켜난 사람모양 얼굴이 마구 뜨거워졌습니다. 그이는 그이대로 약간 얼굴을 붉히는 듯하더니,

"저 기억하시겠어요?"

눈을 가늘게 뜨고 미간을 모으며 물었습니다. 본 적도 없는 브루투스의 '데드 마스크*'를 연상하며,

"글쎄요."

하고 다시 그를 쳐다보았습니다. 그인지 아닌지를 몰라서가 아니라 그에게로 말려들고 있는 내 자신의 어쩔 수 없는 동작이었습니다.

"유 선생님 댁에 지금도 계십니까?"

"예, 지금두 거기 있어요."

고개를 끄덕여 주며 —— 그는 분명히 내가 있는 곳을 알고 있으면서 나를 찾지 않은 것이다. 반대로 만약 내가 그의 거처를 알았다면, 그랬다면 나는 어떻게 했을까 —— 생각했습니다. 사실 내가 그의 거처를

---

* 데드 마스크(death mask) 사람이 죽은 직후에 그 얼굴을 직접 본떠서 만든 안면상.

알았다면 그의 집 부근을 몇 번쯤 지나쳤을지도 모릅니다.

"유 선생 부인이 편찮으시다기에 문병을 갔었지요. 안 보이더군요. 지금은 거기 계시지 않은가요."

인두같이 생긴 연장을 다른 손으로 옮겨쥐며 나를 외면한 채 물었습니다.

"아녜요. 지금두 거기 있어요."

그는 어깨를 약간 비틀어 보이더니 자기의 손을 내려다보며,

"이걸 두구 나오겠습니다. 그 사이 구경이라도 하시지요."

하고 돌아서려다가 나의 얼굴을 똑바로 쳐다보며 유현 씨가 잘 있느냐 묻는 것이었습니다.

잘 있다고 대답해 주고 돌아서 나오려다가 모래 속에 박혀 버린 나무 토막같이 서 있을 수는 없다는 생각으로 그의 뒤를 따라 조형실 안으로 들어섰습니다.

그러나 그러한 나의 동작은 다만 내 자신의 상식에 알리는 구실일 뿐, 기실은 자석에 흡수되는 철편처럼 다리를 휘청거리며 나는 그의 뒤를 따랐던 것입니다.

"구경하세요. 신통한 건 없지만."

그는 이렇게 말하고 저편 벽에 달려 있는 수도에서 손을 씻고 있었습니다. 나는 몇 개의 작품 앞에 가서 두루 살펴보는 시늉을 했습니다만, 나의 온 신경과 눈꼬리는 그의 발걸음과 동작을 쫓기에 바빴던 것입니다.

드디어 그가 만지고 있던 조각 위에 헝겊이 씌워지는 것을 보았습니다. 바삐 문께까지 나와,

"실례했어요."

외치고 총총히 걸음을 옮겼습니다. 뒤에서 빠른 걸음 소리가 들려왔습니다. 돌아다볼 수도 없어 그대로 앞만 보고 걸음을 옮기는데, 발걸

음 소리는 바로 나의 오른편에서 들렸습니다. 돌아다볼 것도 없이 조형실의 예의 학생입니다.

밤 사이에 마당에는 눈이 한 자 가량이나 쌓여 있었습니다. 우리 모녀가 그 집에서 살게 된 지 두 달쯤 되는 여러 해 전의 어느 이른 겨울 아침입니다.

손에 장갑을 끼고 어머니의 검고 두터운 털목도리로 목을 감고 밖으로 나왔습니다. 행랑채와 헛간 주변에 쌓인 눈을 치기 위해서였습니다. 행랑채라고는 하지만 앞과 옆으로 뚫린 마당이 있었던 것입니다. 물론 그의 집에 머슴이 있기는 했습니다만 우리 방 뜰앞까지 눈을 쳐줄지가 의문이었습니다.

만약 그가 눈을 쳐주지 않는 그러한 경우에 쫓아가서 눈을 쳐달랄 수는 없는 노릇이었습니다. 쳐주면서도 속으로 아니꼽게 생각하면 어쩌나 싶어 내 손으로 눈을 치려고 했습니다. 자존심이 시키는 오기였겠지요. 찬모의 딸인데 눈쯤 치는 게 어때서, 하고 스스로에게 타이르며 무슨 항거라도 하듯 이빨을 물 듯하고 눈가래를 찾아들고 눈을 밀고 나갔습니다.

때마침 안채 쪽에서도 늙은 머슴이 다르륵다르륵 눈가래를 미는 소리가 들려왔습니다.

나는 눈가래로 간신히 길을 터놓고 안채로 가는 길목까지 눈가래를 밀고 나왔습니다. 그러자 누군가의 구둣발에 걸려 나의 눈가래는 더 앞으로 나가지 않았습니다. 군에서 돌아온 주인댁 큰 학생의 구둣발이었습니다.

부끄러움과 분노와도 비슷한 감정을 입 안에 물고 조용히 그를 바라다보았습니다. 그는 눈꼬리가 위로 치켜지고 입 역시 위로 치켜져서 굳게 다물어져 있었습니다. 시선을 내리고 눈가래의 방향을 반대쪽으로

돌렸습니다. 순간 어느덧 그의 손은 나의 가랫대를 잡고 있었습니다. 그리고,

"이리 내세요. 지금 이걸 헛간까지 가지러 가는 길입니다."

약간 떨리는 목소리로 그가 말했습니다.

"내가 치겠어요."

머리를 털며 고집스러운 대답을 했습니다.

그는 가래를 붙잡은 채 눈을 벌려뜨고 나를 쏘아보며 머리만 저어 보였습니다. 드디어 가만히 그에게 가래를 밀어 주고 방으로 들어와 버렸습니다.

그 때 그이는 약대 삼 학년이었고 나는 여고 졸업반이었습니다.

그로부터 반 달쯤 뒤입니다. 졸업 시험도 대체로 끝나고 해서 우울하면서도 어쩐지 그냥 방에서 앉아 배길 수 없는 크리스마스를 며칠 앞둔 어느 저녁입니다.

눈을 내리깔고 입 속으로 무슨 노랜가를 흥얼거리며 어두컴컴해진 그의 집 대문을 빠져 나와 카드가 많이 진열된 어느 상점으로 들어갔습니다.

꼭 카드를 보내야 할 친구도 없었지만, 그런 대로 카드 석 장을 골라 들고 주인댁 큰 학생의 생일날에 절간에서 심부름을 왔다고 하던 젊은 학생풍의 사람을 생각하며 돈을 치르고 있었습니다.

이 때였습니다. 약간 허리를 구부리고 상점 문턱을 넘어서는 사람이 있었습니다.

유현 씨였습니다. 얼핏 몸을 돌려 그를 외면한 채 창황히 그 집 문턱을 넘어섰습니다.

"진희!"

다급하게 내 이름을 부르며 그이가 뒤따라 나왔습니다. 나는 걸음을 멈추고 옆으로 비껴섰습니다.

"진희, 나하고 이야기 좀 합시다. 인제 시험두 끝났으니까 이야기할 수 있겠지요?"

그는 일 미터 저편에서 이렇게 말했습니다. 난처한 일이라고 생각했습니다. 비록 그가 상전댁의 맏아들이기는 하지만, 그렇다고 해서 그와 나는 주종일 수는 없다는 생각이 머리를 쳐들었던 것입니다. 단지 어머니의 노동으로 얻어지는 정당한 보수로써 나는 살고 있을 뿐이라고 자존심이 소근대기 시작했습니다.

"말씀하세요. 듣겠어요."

몇 초 뒤, 고개를 쳐들고 대답했습니다.

"얘기가 좀 긴데, 저기 저 빵집에 가서 앉읍시다."

손가락을 튕기듯 맞은편에 있는 빵집을 가리켰습니다. 조금 뒤입니다. 그이와 나는 조그만 테이블을 사이에 마주앉아 있었습니다. 테이블 위에는 빵 접시가 놓여지고 나는 시선을 둘 곳이 없어 테이블 한 끝을 보며 속으로 무엇인가 열심으로 중얼거리고 있었습니다.

'절대로 절대루예요. 거기는 나를 모멸할 권리는 없어요.'

"좀 듭시다. 참 저, 늘 사과하려고 했는데 —— 내 생일 날엔 아주 미안했어요."

그는 드문드문 말을 주워 섬겼습니다.

나는 그의 비쭉거리는 듯한 입모습을 훔쳐보며, 그이가 말하는 그 날에 있던 일들을 상기해 보았습니다.

그 날은 마침 일요일이 되어서 나는 집에 있었습니다. 그의 어머니는 우리들의 방에서 나를 불러 냈습니다. 안방에 들어가 과일을 깎으라는 것입니다. 잠자코 아주머니의 뒤를 따라 안방에 들어섰습니다. 순간 나는 주춤 걸음을 멈추었습니다. 낯모를 젊은이가 거기 앉아 있었던 것입니다.

"괜찮아, 절에서 온 학생이야."

아주머니는 이렇게만 설명하고 나에게 과도와 쟁반을 꺼내 주고 도로 부엌으로 나가면서 말했습니다.

"잠깐만, 기다려요. 생일 집인데 무어라도 들고 가야지."

"아니, 아닙니다. 곧 가야겠습니다."

방에 앉아 있던 젊은이는 반쯤 허리를 일으키며 마치 항변이나처럼 말했으나, 이 때 아주머니는 벌써 부엌 쪽으로 사라지고 없었습니다. 그리고 몇 분 뒤 상을 가지고 아주머니가 다시 나타나더니,

"여기부터 깎은 거루 한 접시 놔줘요. 어떻게 집은 용하게 찾았구려."

주인 아주머니는 나에게와 그에게 각각 한마디씩 하고 다시 부엌으로 나갔습니다. 나는 깎은 과일을 작은 접시에다 골고루 몇 쪽씩 담아서 눈을 내리깐 채 그의 상 위에다 놓았습니다.

"아, 미안합니다."

그는 어쩔 줄을 몰라서 반쯤 몸을 일으키고 매우 황송한 음성으로 말했습니다. 나는 그의 미안해하는 마음을 덜어 주기 위하여 말 대신 그를 보며 웃었습니다.

눈이 마주쳤습니다. 밤하늘의 그 중 큰 별과도 같이 몹시도 눈부신 빛을 가진 눈이었습니다. 모르는 새 그의 눈을 지켜보며 그의 눈에 낚이었습니다.

거듭 그를 훔쳐보았습니다. 그의 단정하면서도 씩씩한 모습이 자꾸 눈을 끌었습니다. 그리고 내가 자기에게 낚이우고 있는지 그도 나의 얼굴에 낚이어 주었으면 바랐습니다.

'절간에서 왔다지만 중도 아니지 않는가. 저렇게 아름다운 이마 위에 헝클어져 있는 저 숱한 머리털이 이제 깎이고 말 것인가. 주지의 아들인지도 몰라. 만약 그렇다면 머리를 깎지 않아도 좋을 텐데,'

이런 따위 생각을 하며 다시 깎아진 과일들을 그의 상 위에 더 얹어 주었습니다.

"괜찮은데요."

그이는 이렇게 말하며 내가 자리에 돌아오기까지 나를 보고 있었습니다. 다시 아주머니가 쟁반을 들고 들어오시더니 그에게 수고했다 하면서 많이 먹으라 권하고, 나보고는 과일 쟁반을 들고 자기를 따라오라고 했습니다.

큰 과일 쟁반을 들고 아주머니의 뒤를 따라 생일 파티가 있는 곳까지 갔습니다. 바로 그 댁의 장자인 유현 씨의 방입니다. 그 곳에는 그의 남녀 친구들이 상을 가운데 두고 십여 명이 둘러앉아 있었습니다.

나는 그들의 시선이 따가워 과일 쟁반을 문턱 안에 디밀고 막 돌아서려는데 유현 씨가 재빨리 그것을 받아 주었습니다. 그리고 아주 빠른 말씨로 들어와서 앉으라고 했습니다.

그러나 나는 그의 말뜻을 알아듣기에 앞서 그의 어머니를 바라보았던 것입니다. 어머니는 반찬을 골고루 챙겨 놓고 과일 접시를 사이에 끼우더니,

"이젠 국수를 말라고 일러요. 그리고 참 여긴 잡채가 없군. 얼핏 한 접시만 담아 달라구 해서 이리 가져다 줘요, 부침이도 없군."

그의 어머니의 코에 건 듯한 말소리가 났습니다. 나는 그 파티에 초대된 세 사람의 여대생을 보고 있던 눈길을 얼핏 그에게로 옮기고 고개를 휙 돌렸습니다.

그리고 달음을 치듯 부엌으로 쫓아오다가 누군가에게 부딪쳤습니다. 아까 안방에 앉아 있던 절간에서 왔다는 청년이었습니다. 간신히 쓰러지기를 면한 나는 미안하다고 입 속으로 뇌이며 눈을 치뜨고 그를 흘겼습니다.

"미안합니다."

이번에는 저쪽에서 인사말을 하고 서 있었습니다. 순간 그와 나는 잠시 서로의 눈을 바라다보았습니다. 눈에서 코로 코에서 어깨로, 눈알은 몇 번이고 돌았습니다.

"아니 어떻게 된 셈이야?"

등 뒤에서 주인 아주머니의 말소리가 들렸습니다. 동시에 그이가 화장실 문을 여는 것을 보았습니다. 그리고 나는 가느다란 목소리로,

"뛰어오다 맞닥뜨렸어요 —— 아이 창피해 ——. 하느님이시여, 제발 나에게서 이 치욕의 멍에를 벗겨 주소서."

뇌까리며 아주머니가 시키는 대로 심부름을 했던 것입니다.

그 날부터입니다. 어떻게 된 셈인지, 그 뒤로 가끔 그 청년의 모습을 눈으로 그려 보곤 했습니다.

때로는 무척 그립기까지 했습니다.

'어떻게 그 절간까지 찾아갈 수는 없을까? 그렇지만 나는 여잔데……'

하고 스스로에게 단념을 시키기도 했습니다.

이와같이 한 번 본 그에게 막연한 동경을 품게 된 구체적인 이유를 아직도 나는 모르고 있습니다. 그러나 그 나의 막연한 동경의 대상이었던 임철 씨를 참말 우연히 학교에서 다시 만났던 것입니다.

그 날부터 대학에 다니는 보람과 의의는 그 전의 몇 갑절로 붙어 있었습니다. 무턱대고 즐거웠습니다. 네 활개를 뻗고 날아갈 수 있을 것도 같았습니다.

그이도 나와 동감이었다고, 이것은 물론 그 뒤에 들은 이야기입니다.

그 날이었습니다.

그러니까 바로 조형실에서 그이와 만난 날입니다. 우리는 함께 버스에 올랐고, 버스에서도 어디까지 가느냐, 피차 묻지도 않았습니다. 마치 오랫동안 사귀어 오던 사람들이 늘 다니는 어떤 목적지를 향해 가

듯, 그이와 나는 꼭같이 명동에서 내렸고, 걸어서 충무로에 있는 음악 궁전에 가서 명곡을 들었습니다.

그는 음악과에 다닌다는 나를 위하여 아마 음악궁전을 갔는지도 모릅니다. 그리고 토스카의 〈별은 빛나고〉를 청해 주었습니다.

그가 옆에 있는 때문인지 모릅니다. 〈별은 빛나고〉의 곡은 그대로 토스카의 애인 '마리오 카바라도쓰'의 매듭 없는 울음과도 같이 구슬프고 애달프게 범람하는 해일이 되어 가슴으로 밀려왔습니다.

그 뒤부터입니다. 임철 씨와 나는 명곡을 듣는다는 구실로 가끔 음악 다방에서 만났습니다.

때로는 베토벤의 〈로망스〉가 서로의 대화기라도 하듯 시선을 교환하며 미소를 풍기기도 하였고, 손을 맞잡고 달빛이 쏟아져 내리는 맑은 자갈돌물을 건너는 환각을 느끼며 베토벤의 월광곡에 취했던 것입니다. 그러나 그러한 시간이 거듭할수록 나는 그를 만나는 일이 무서워졌습니다.

그리고 임철 씨는 자기의 생활이나 감정에 대하여, 혹은 미래에 대하여 언제나 언급을 회피하는 눈치였습니다. 다만 그에 대해 내가 알고 있는 것이란, 그가 조형 예술을 한다는 것뿐이었습니다.

참을 수 없는 일이라고 생각했습니다. 혹은 절간에 있다니까 중이 되려고 일부러 자기를 이야기하지 않는 것인가도 생각하고, 한편으로는 내가 유현 씨댁 가정부의 딸이라는 것을 알고 깊이 사귀기를 꺼려하나 보다고 생각했습니다.

따라서 그에 대한 나의 감정은 일방적인 것이라고 생각했습니다. 그러한 어느 날 밤입니다. 그이와 만났습니다. 그리고 또 헤어지기 위하여 길을 걸었습니다.

걷다 보니 어느 절간 부근에 이르러 있었습니다. 그이가 유숙하고 있는 절간 부근임을 알았습니다. 드디어 비탈진 언덕으로 올랐습니다. 그는 걸음을 멈추고 언덕에 앉자고 말했습니다. 앉았습니다. 그이는 고개를 떨어뜨리고 한동안 말이 없더니 다시 하늘을 쳐다보며 나직이 말했습니다.

"별이 없는 밤이로군요. 먼 곳에서 달이 오고 있는 모양이지요."

"왜요, 달은 싫으세요?"

표정이 몹시 우울해 보여서 이렇게 물었습니다. 그는 대답 대신 나를 바라다보고 있더니,

"어두운 게 좋아요. 어둠은 누구의 허물도 가려 주니까요."

했습니다. 어디 흉터라도 나 있느냐 물으려는데,

"진희 양은 유전이라는 걸 믿으세요?"

했습니다. 그이가 무슨 말을 하기 위한 전제라는 생각을 하면서도,

"그럼요, 믿지 않구요. 우선 저만 하더라도 어머니 모습에 아버지 성격을 닮았는데요. 명랑한 것도 같고 한없이 침울한 것도 같은 정반대되는 성격이 꼭 아버지라구들 해요. 그리구 또 백인과 흑인의 피부 빛깔을 보더라도 그렇지요. 그들의 선조는 모두 현재의 그들모양 백인은 희고 흑인은 검었을 테니까요."

그러자 임철 씨는 한동안 덤덤히 앉아 있기만 하더니 무슨 결심이라도 한 듯 뇌까렸다.

"그럼 살인 강도의 아들은 살인 강도가 될까요?"

"그야 누가 압니까? 그럴 수도 있고 그렇지 않을 수도 있겠지요."

하고 적당히 지껄이고 나서,

"우리 아버지가 단명했으니 그럼 저도 단명할지도 모르겠어요."

엉뚱한 대답으로 끝을 막았습니다. 그러나 임철 씨는 웃지 않았습니다. 그리고 풀잎 같은 것을 손으로 쓸고 있더니,

"그렇다면 나는 살인 강도가 되겠지요, 아버지가 그랬으니까. 어머니는 그 때문에 다섯 살인 나를 업고 물에 투신해서 자살한 모양이에요.

불행하게도 목숨이 길어서 나는 죽지 않았던 모양입니다. 더욱이 조금 자라서는 꼬마 강도질을 하다가 소년원에 끌려갔다구 하더군요. 그랬는데 어떻게 된 셈인지 그 부랑아가 원장의 눈에 들게 되어, 이곳 주지에게 맡겨졌던 거라고, 어젯밤에 스승이며 양부인 주지의 이야기를 듣고 비로소 나의 과거를 알았어요. 요즘 외출이 잦은 거로 미루어 행여 아버지의 전철을 밟게 될 계기가 익어가고 있는지도 모른다고, 부처님의 삼생의 인연을 들어서 훈계를 하다 보니 아마 부득이 나의 과거를 털어 놓고 만 거겠지요."

덤덤히 남의 이야기나처럼 말하고, 나를 바래다 주겠다면서 몸을 일으켰습니다.

"그럼 임철 씨 아버지는 지금 어디 계세요?"

팔다리에 기운이 빠져가는 걸 느끼며 앉은 채로 물었습니다.

"장발장같이 선심조차 생겨날 기회를 가지지 못한 살인 강도에 탈주범으로 체포되어 형기까지는 세상 구경이 어렵다나 봐요."

말을 남기고 앞으로 걸어갔습니다. 일어나서 그저 걷기만 하였습니다. 하늘도 임철 씨도 나 자신도 길도 하늘의 별빛조차도 없었습니다.

이튿날입니다. 학교를 쉬었습니다. 감기 기운이 있었던 것입니다. 그리고 그 다음 다음날입니다. 헬쓱한 나의 얼굴빛을 숨기기 위하여 볼에다 엷은 루즈 칠을 하고, 반드시 그가 남아서 일하는 학교의 조형실로 그를 찾아갔습니다.

없었습니다. 다음 날도 허탕이었습니다. 그렇게 한 주일이 지난 어느 날입니다. 군에 입대하게 되었다는 그로부터의 간단한 엽서를 받았습니다. 이상하게도 그의 엽서는 나에게 새로운 공포를 제공해 주었습니다. 그리고 그와의 친교를 뉘우치는 나머지 나의 기억 속에서 임철 씨를 내몰아 버리는 데 전력을 다했던 것입니다.

그렇게 해서 두 해가 지난, 그러니까 그 이른 봄의 토스카의 밤입니다. 나는 다시 임철 씨를 시공관 이층에서 만났던 것입니다. 일 년 반의 병역을 마치고 학교로 되돌아왔다는 것이었습니다.

시간은 언제나 변함없이 흘렀습니다. 그러나 임철 씨가 다시 나의 앞에 나타난 순간, 흘러간 시간은 모두 내 안에 엎드려 있었음을 직감했습니다. 그리고 그의 무서운 고독과, 자학과 무관심은 살인 강도로서 무기형을 받은 죄수의 아들이라는 치명적인 낙인이 찍힌 그에게 어울리는 무기이기도 했습니다.

그가 자리를 털고 일어나서 나에게로 가까이 다가왔습니다. 그리고 해태 캐러멜 한 갑을 사서 내게 건네고 자기는 그 속에 들어 있는 풍선을 뽑아 볼을 불룩하니 세우고 불고, 세우고 불고 했습니다. 나는 나이 어린 소녀모양 까드득까드득 웃으며 풍선이 터져서 목구멍에 붙지 아니하도록 주의하라고 일렀습니다.

드디어 토스카의 밤이 끝났습니다. 밖에 진눈깨비가 조금씩 뿌려지고 있었습니다. 진눈깨비에 젖어 길은 번들번들 윤이 났습니다. 음악에 젖은 마음과 마음을 껴안기라도 하듯 나일론 양산 하나를 사서 머리 위에 받고 번들거리는 길을 골목에서 골목으로 걸었습니다.

두 해 반 전모양 우리는 약속도 없이 음악궁전에서 레코드를 들었고 다시 밖으로 나왔던 것입니다. 그러나 다시금 쉴 수 있는 곳을 찾고 싶으면서도 서로 떨어져 버린다는 불안 때문에 그처럼 진눈깨비 오는 길을 골목에서 골목으로 통금 시간이 다하기까지 싸질렀던 것입니다.

그 밤입니다. 이러한 모든 사실을 처음부터 끝까지 숨기거나 과장함이 없이 유현 씨에게 써 보냈던 것입니다. 며칠 뒤 유현 씨로부터 장거리 전화가 왔습니다. 곧 미주를 출발한다는 내용이었습니다.

아래켠 잔디밭에서는 농악이 마지막 가락을 뽑고 있는 모양으로 쟁그랑쟁그랑 징이 울고, 꽹과리와 쇠북이 어울려서 가락을 뽑았습니다.

가락에 맞추어 푸르고 붉고 희고 검은 옷자락들이 흥겨이 돌아갑니다.

임철 씨는 시날코 병마개를 뽑아 내게 내밀고 자기도 다른 한 병의 마개를 뽑아 듭니다.

다음엔 핸드백 안에서 내가 종이 봉지를 꺼내 놓았습니다. 노랑빛 교갑*에 든 키니네*입니다. 한 알씩 입에 넣고 시날코 한 모금을 마시고 다시 한 알을 넣고 시날코를 마시기로 했습니다.

농악 구경을 하며 그와 나는 한 걸음 한 걸음 새로운 성을 찾아가는 것입니다. 나는 시날코 병을 들고 웃으며, 영원히 하고 뇌었더니 그도 영원히, 하고 뇌까렸습니다.

그러나 입으로는 아니었습니다. 눈과 눈으로 말을 주고받았던 것입니다. 죽는다는 실감보다는 소꿉장난을 하고 있는 기분이었습니다. 다시 임철 씨가 키니네 하나를 입에 넣고 시날코를 마십니다. 나도 그의 본을 땄습니다.

바람이 지나가는 모양으로 꽃잎이 우수수 져 왔습니다. 나무 뒤에 술병을 든 취객 둘이 타령조로 이팔청춘 꽃시절에 지화자 둥둥 내 사랑아를 길게 뽑고 있었습니다.

"돌아다보지 마세요. 저기만 보세요."

임철 씨가 농악 놀이를 손으로 가리켜 보입니다. 쟁그랑쟁그랑 징이 울리고, 흰 뱀 모양의 흰 테이프가 허공에서 길게 동그라미로 사리를 틀며 꽁지를 치고, 검은 쾌자에 청색 벙거지가 붉은 수시를 저으며 뱅뱅 돌다가 멎습니다.

얼굴을 마주보고 그이와 나는 다시 과자라도 삼키듯 또 한 알을 아까처럼 목구멍 밑으로 흘려 보냈습니다.

"비행기는 몇 시에 닿지요?"

---

* **교갑**(膠匣) 아교로 얇게 만든 작은 갑.
* **키니네** 기나나무의 껍질에서 얻어지는 알칼로이드의 한 가지. 흰색 결정으로 맛은 매우 씀.

문득 임철 씨가 비행기 시간을 물었습니다.

유현 씨가 오기로 된 비행기 시간입니다.

"글쎄요, 아마 열두 시쯤 되겠지요."

이번에는 내가 그이보다 먼저 키니네를 삼켰습니다. 순간 임철 씨가 뒤를 돌아다봅니다. 나 역시 고개를 돌렸습니다. 하하하, 드높은 웃음 소리와 함께 아까의 취객들이 뒤에서 나무를 탕탕 몸으로 부딪고 있었습니다.

꽃이 지천으로 우리의 앞뒤에 쏟아져 내렸습니다.

"여봐라 방자놈아, 꽃이 푸대접하면 잎에서나 자고 가자."

그들은 혀꼬부라진 소리로 목청을 빼고 커다랗게 지껄이며 손뼉을 치고 나무를 흔들고 몸으로 박고 하기를 그치지 않았습니다.

"장소를 옮깁시다."

임철 씨가 제안하였습니다. 얼핏 키니네 봉지를 핸드백에 집어넣었습니다. 그 곳을 떠나기로 한 것입니다.

"절간으로 갈까요?"

"스님들께 폐되지 않아요?"

"창경원도 마찬가지지요, 서울 시민에게 미안하지요."

"그럼 한강 둑이 좋겠군요."

그와 나는 우리의 죽음이 끼치게 될 폐를 고려해서 창경원을 나와 하이야로 달렸습니다. 그리고 한강 다리께에서 내렸습니다. 팔을 꼭 끼고 걸었습니다.

그러나 금방 하이야에서 미처 열 발자국도 옮기기 전입니다. 빵 하는 요란한 폭음과 함께 팔뚝만한 쇠붙이가 임철 씨의 바른팔에 부딪고 떨어졌습니다. 아이구 소리와 함께 임철 씨가 앞으로 쓰러져갔습니다. 흔들었으나 대답이 없었습니다. 크게 다친 것도 같지 않은데 이상한 일이었습니다.

다음 순간입니다. 차에 앉았던 사람들이 우우 몰려왔고 운전수와 조수가 그를 안아다가 합승에 실었습니다. 금방 우리를 싣고 온 하이야가 방향을 바꾸려고 커브를 돌리는데 뒤에서 달려오던 합승이 들이받았다는 것입니다.

그통에 우리가 타고 온 하이야의 바퀴가 빠지고 그 바퀴채가 날아와서 그의 팔을 내리쳤다는 운전수의 설명을 들었습니다.

그로부터 한 시간 뒤, 그는 적십자 병원에서 응급 치료를 받았고, 다음 날 깁스를 했으나 일체 면회 사절이었습니다. 병원측 요구니 하는 수 없었습니다.

왼편 팔 뼈가 부스러지고 심장이 놀라서 심한 혼수 상태가 계속되리라는 것이었습니다. 아마 키니네 기운이 작용하나 보다고 알았으나 입밖에 담을 수는 없었습니다.

다음 날 정오 무렵입니다. 예정대로 유현 씨가 미주에서 돌아왔습니다. 그의 부친은 그의 귀국의 뜻을 알 턱이 없었습니다.

그러나 그 날로 그는 나와의 약혼을 선포했습니다. 바로 선전 포고 같은 것이었습니다. 입과 눈과 이마의 선이 모두 한일자 같이 옆으로만 그어져 있었습니다.

그의 서슬과 갑작스런 성명에 그의 부친의 경악은 보기에도 딱할 정도였으며, 엄마는 몸둘 곳을 몰라서 일에만 골몰하고 있는 시늉을 했습니다. 모두들 그의 황황한 눈빛에 눌려 이의를 제출하기는커녕 전전긍긍하는 눈치였습니다.

그가 돌아온 다음 날 저녁입니다. 그가 나를 부른다고 했습니다. 고무신 끄는 소리를 잘잘 내며 유현 씨의 서재로 걸어갔습니다. 새삼스레 불이 켜지기를 바라서가 아니라 스스로 자기의 생명에 대한 모순을 확인하고 싶었던 것입니다.

하늘에는 별빛이 밝았습니다. 별빛의 밝은 뜨락을 지나 그의 서재에 들어섰습니다. 희끄무레한 물체가 창턱에 앉아 있었습니다. 엉거주춤히 창턱에 걸터앉아 그는 밤하늘을 보고 있는 모양이었습니다.

나는 유현 씨의 가정부의 딸입니다. 절대로 그것을 잊어버리지 않을 작정입니다. 또한 유현 씨를 배반할 생각도 의사도 없었습니다. 다만 죽음에 대한 유혹, 그 자체는 불가피적인 것이라는 생각을 하며 벽을 더듬어 스위치를 눌렀습니다. 유현 씨는 뒤를 돌아보지도 않으려니와 몸을 움직이지도 않았습니다. 반응을 보이지 않았던 것입니다. 그런 대로 내가 먼저 말을 걸었습니다.

"일간에 떠나겠어요. 모든 것은 편지로 고백한 그대루예요. 그러니까 이건 떠나기 전에 직접 돌려 드리고 싶었어요."

그의 선물이 든 조그만 함을 그의 테이블 위에 얹었습니다. 나는 한동안 멍한 얼굴로 그의 뒤를 바라보다가 뒷걸음으로 그의 방을 물러나려 하였습니다.

그러자 그이가 불렀습니다. 그러나 얼굴은 아까 그대로 움직이지 않았습니다.

"우린 약혼한 사이야. 어저께 그걸 성명했어. 그리고 보석이 달린 새로운 고리를 진희에게 선물할 거야. 저 쪽 사람들은 고리를 링이라고 하더군. 그러니까 우리 말로 새기면 반지란 고리라구두 할 수 있겠지. 유현과 석진희가 맺어지는 고리는 아주 고가한 거루 해야지."

나는 선 자리에서 숨을 죽이고 한동안 서 있다가,

"알겠어요."

하였습니다. 그러면서도 여간 마음이 편하지 않았습니다. 임철 씨의 병이 나아지면 그와의 약속대로 우리는 죽을 수 있다는 생각을 했던 것입니다. 죽음은 그 어떤 권세보다도 마음 든든한 것이라고 느낀 것도 그때입니다.

"진희!"

그가 다시 나를 불렀습니다.

"자 여기 와서 어느 것이나 마음대로 골라 잡아요. 한 장은 여행이고 다른 한 장은 자유야. 만약 진희가 자유권을 잡으면 나는 진희에게 자유를 줄 수두 있어."

그가 내민 두 장의 카드의 한 장에는 여행이 적혀 있고, 다른 한 장에는 자유가 적혀 있었습니다. 나는 자유라고 적혀 있는 카드를 주워서 그에게 내밀며,

"드리겠어요."

하였습니다.

"드리다니?"

그가 몸을 일으켰습니다.

"이 자유권을 유 선생님께 드리겠어요. 유 선생님만이 이걸 가질 수 있어요."

대답했습니다. 일순 그의 눈은 감동과 기쁨으로 빛나는 것같이 보였습니다. 지극히 짧은 시간이긴 합니다만, 그러나 다음 순간 그의 얼굴에 퍼지는 살의를 보았습니다. 그가 입을 움직입니다.

"왜? 이걸 내게?"

나는 그의 황황히 빛나는 눈길을 정면으로 받으며,

"어떻게든 갚고 싶어요. 은혜와 빚을 유 선생님께 너무 많이 졌어요."

그는 고개를 끄덕끄덕 움직여 보이고 책상 서랍을 열더니 가죽 케이스에 든 것을 꺼냈습니다. 얼핏 카메라 사진을 찍으려나 생각했습니다. 그러나 가죽 케이스가 벗겨지자 이내 그것은 권총이라고 알았습니다. 그는 천천히 총알을 재기 시작했습니다. 가슴을 내밀고 그의 총알에 맞고 싶었습니다. 피가 쏟아져 나오면 몹시 시원할 것 같았습니다. 뻥 뚫어진 가슴에서 콸콸 피가 쏟아져 나오면 답답하게 막힌 가슴이 환히 트

일 것도 같았습니다.

"좋아?"

그는 권총을 주워들고 내게 겨누고 물었습니다. 나는 나직이,

"제발."

하고 그에게로 다가갔습니다. 그는 다급히,

"왜, 왜, 왜?"

하고 고함을 지르며 한 걸음 물러섰습니다.

설명할 수 있는 말을 찾았으나 그가 알아들을 수 있는 적당한 말이 없었습니다. 나는 물끄러미 그의 총부리와 그의 눈빛을 번갈아 보며,

"살려 주세요, 제발."

하였습니다.

막연히 그를 구하고 싶었던 것입니다.

그는 코웃음을 치며 방아쇠에 손가락을 걸었습니다. 순간 나의 동공에는 유현 씨의 얼굴에 번지는 땀이 보였습니다. 입술이 달달 떨렸습니다. 그의 손가락에 걸린 방아쇠가 당겨지는 찰나 그가 죄인이 된다는 생각이 다시금 머리를 스쳐갔던 것입니다.

"유 선생님, 자, 잠깐만."

"왜, 왜?"

그는 움직이지 않았습니다. 그의 눈에는 새로운 살의의 결의가 퍼져 갔습니다.

"오, 오 초만 죽기 싫어요. 살려 주세요. 죽기 싫어요."

그러나 나는 그의 총소리에 귀를 막아야 하였습니다. 벽 밑에서 먼지가 일며 쑤우쑤우 소리와 함께 총알이 벽 밑에 가 박히었습니다. 벽이 흔들리고 벽 밑은 퐁퐁 다섯 개의 구멍이 뚫렸습니다.

우르르 총소리에 놀란 가족들이 몰려왔으나 가파로운 그의 숨소리에 모두들 공포에 떨면서도 순순히 물러가 버렸습니다. 다친 사람이 없으

니 떠들 건덕지가 될 수 없었나 봅니다. 그의 가족들이란 모두 그이보다 나이 어린 그의 누이동생과 두 남동생뿐입니다. 그의 어머님과 그의 아버지는 집에 없었습니다. 그의 어머니는 병원에, 그의 아버지는 거리에 있었습니다. 이빨을 달달 맞추며 간을 조인 것은 엄마였습니다. 그는 다시 내게 말을 걸었습니다.

"진희 선물 고맙소. 덕분으로 유쾌한데, 드라이브나 합시다."

그는 흰 장갑을 한 손에 꾸겨쥐고 명령같이 턱으로 문께를 가리켰습니다.

"그러겠어요."

그의 말대로 그의 차에 앉았습니다.

그러나 이번에는 시속 초과로 나를 죽이려나 보다고 생각을 하며 가끔 시속 미터를 눈여겨보았습니다. 그리고 제발 유현 씨만은 살아 주었으면 빌었습니다. 그러다 차는 보통 속력으로 달리다가 어느 큰 절 앞에 가 멎었습니다.

"잠깐 절구경을 하고 나옵시다."

그는 차에다 열쇠를 잠그고 앞장을 서서 절간으로 들어갔습니다. 성계사였습니다.

"어서 오십시오. 준비를 끝내고 기다리고 있었습니다."

가사*를 두른 스님이 나와서 공손히 맞았습니다. 꿈이라는 생각을 하며 스님의 뒤를 따라 법당으로 들어가니 대여섯 명 스님이 가사를 두르고 합장한 채 우리를 기다리고 있었습니다.

"지금부터 결혼식을 하는 거야."

그는 히쭉 웃어 주고 부처님 앞에 가 섰습니다. 나는 그의 왼편에 가 섰습니다. 주지승이 경을 읽고 다른 스님들이 염불을 읽고, 그가 나에

---

* 가사(袈裟) 승려가 장삼 위에, 왼쪽 어깨에서 오른쪽 겨드랑이 밑으로 걸쳐 입는 법의. 종파에 따라 그 빛깔과 형식을 엄격히 규정하고 있음.

게 반지를 끼워 주었습니다.

그의 말대로 한다면 금고리였습니다. 이어 식이 끝났습니다. 그 때부터 그와 나는 부부라는 것이었습니다.

돌아오는 차 안에서입니다. 그는 이런 말을 했습니다.

"진희, 여름에 해수욕하러 갑시다. 우리의 무대로서는 아마 거기가 적당할 것만 같아. 거기서라면 진희는 진희대로 자유를 얻고 나는 나대로 자유와 평안을 얻을 수 있을 거야. 진희, 내 말 알아듣겠어?"

그는 다짐했습니다. 무슨 말인지를 모르겠노라 대답하였더니,

"나는 감쪽같이 사람을 죽여 볼 생각이야."

하였습니다. 나는 어렴풋이 그가 말하는 사람이란 나라고 알 수 있었습니다.

"상대는 누군데요?"

물었습니다. 그는 웃으며 나를 돌아보고,

"맞춰 봐요?"

하였습니다. 그리고 이어,

"차츰 알게 되겠지."

하였습니다.

그 날 밤입니다. 나의 잠자리는 그의 침실로 옮겨지고 그의 잠자리는 서재로 옮겨졌습니다. 따라서 부부란 명칭뿐인 것으로, 그가 나를 범하거나 하는 일은 없었습니다. 그리고 그는 가끔 열병 환자모양 혼자서 중얼거리기도 하고 외박도 곧잘 했습니다.

이상하게도 그 즈음의 나의 나날은 평온했습니다. 임철 씨는 머리를 깎고 불도가 되었노라는 엽서를 보내곤 소식이 없었습니다.

나는 단지 여름이 오기만 목마르게 기다렸습니다. 푸른 물결과 흰 모래사장이 있는 해변은 나의 결전장모양 나는 해변으로 가는 날을 손꼽아 기다리며 하루하루를 보냈던 것입니다.

그 날이 드디어 왔습니다. 그리고 모든 것은 그의 나름이었습니다. 나는 완전히 의지가 없는 한 개의 기계가 되어 그의 희망대로만 움직였던 것입니다. 그리고 비극은 왔던 것입니다.

그 비극의 마지막 순간에, 다시 말하면 내 죽음의 한 걸음 앞에서 그가 나를 구하려고 물 속으로 찾아 헤맸던 것입니다. 그리고 가 버린 것입니다. 어처구니 없는 일입니다.

이제 나는 그가 지워 준 이 무거운 십자가를 지고 평생을 걸어가야 하는 것입니다. 다만 그이가 남겨 준 이 헤아릴 수 없는 많은 부채를 갚아 드리기 위하여 여기 이렇게 남아 있을 뿐입니다.

이것이 아마, 내가 이 세상에 오기보다 앞서 나에게 지워진 나의 채무였다고 생각합니다. 그러나 나는 이렇게 이 땅 위에 발을 디디고 서 있는 것입니다.

1960년 3월 수녀원에서

일기는 여기서 끝나 있었다. 나는 그 푸른빛 노트를 덮어 놓고 손가락 셋으로 책상을 짚고 일어났다. 그녀의 뇌파 검사를 해보고 싶었던 것이다. 그녀의 두뇌의 혼란이 충격에 의한 극히 임시적인 경우, 다시 말하면 에스더가 다시 수녀원으로 돌아가게 되는 날이 보다 더한 그녀의 혼란의 날인지도 모른다고 할 수만 있으면 현재 진희에 대한 그녀의 애정이나마 그대로 지니고 있어 주기를 바라며 뇌파 검사를 해 볼 양으로 에스더의 병실을 찾았다.

에스더는 창을 향해 돌아선 채, 내가 들어선다고 알았던 모양으로,

"뇌파 검사를 하시려는 거지요? 전 싫어요. 그런 거, 그거하면 뇌가 깨질 거예요. 그러니까 그보다는 차라리 순희가 원하는 대로 저의 이름을 모두 순희에게 주어 버리겠어요. 지금 막 순희가 말했어요. 에

스더두 자기 이름이라구요. 그러니까 —— 그래서 전 생각했어요. 할
수만 있으면 진희두 에스더두 둘다 순희에게 주어 버리는 게 어떨까
하구요. 선생님은 어떻게 생각하세요?"

하고 물었다.

그 순간이다. 그녀의 뇌수는 지극히 건전한 상태에 있는지도 모른다
고, 그 때문에 그녀는 의식적으로 뇌파 검사를 하고 있는지도 모른다고
문득 깨달았다. 그래 조용히 에스더에게 돌아설 것을 요청하고 그녀가
돌아서기를 기다려,

"그럼 에스더는 이름이 없어서 어떻게 하려구?"

하였더니,

"순희는 어떨까요? 그럼 순희가 안 듣겠지요? 그럼 마리아가 되겠어
요. 유현 씨의 영구차를 따라가며 생각한 내 이름이에요. —— 마리
아."

가만히 입 속으로 되풀이해서 뇌이고 있을 뿐 순희의 핀잔이나 타협
은 물론이요, 뇌파 검사를 해야 한다는 나의 요청도 그녀는 일체 듣고
있지 않는 듯했다.

갈가마귀* 그 소리

용트림이 나는 데는 첫째로 영심환이 묘약이기는 하다. 그렇다고 해서 무턱대고 영심환을 질경거릴 수도 없는 노릇이고 보니 또 담배라도 한 대 붙여서 태울 수밖에.

고을댁은 은근히 영심환 생각이 간절했으나 내사 쉬어빠진 나물들을 잘도 먹는다 싶더니 앙이나 다를까, 또 영심환이지, 돋보기 너머로 영감이 찬찬히 쳐다보며 핀잔이라도 줄까 보아 그녀는 그저 풀석풀석 담배를 태우고 있었다.

영감도 담배만 풀석거리고 있었다.

"영감, 그 들창문 좀 닫으시웁지."

들창문으로 몰아쳐드는 샛바람에 태우던 담배가 꺼진 모양인가, 고을댁은 대꼭지를 놋재떨이에다 대고 콩콩 두들겨 대며 노인네답지 않은 가느다란 목소리로 한 마디를 건넨다.

---

* 갈가마귀 '갈까마귀'를 뜻함. 까마귓과의 새로, 까마귀보다 조금 작으며, 몸빛은 검은데 목 둘레와 배가 흼.

"팥을 털어야 할 텐데 바람이 부는 모양인가."

송 영감은 왼쪽 팔을 뻗어 들창문을 닫는다. 들창문 바로 위에는 종이가 노랗게 변색한 갓집이 댕그마니 얹혀져 있고 들창문 바로 밑에는 자그마한 나무궤짝 하나가 놓여져 있었다. 송 영감은 그 나무궤짝에 비스듬히 옆구리를 기대고 있었고 고을댁은 살문 가까이 영감하고 마주 앉아 있었다.

창살에 환하던 햇살은 창 밖 어느 쯤에서까지 물러가 있을까, 헛간 쪽에서 장닭이 꼬꾜오 꼬꾜오 죽지를 치며 울어대고 있었다. 추석이 어제 그젠데 만주치고도 북만주에서 이따금 바람발이 선득거리는가 싶더니 기러기떼에 이어 갈가마귀의 아하하핫 아하하핫하고 자지러지게 울어대는 소리가 남쪽으로 남쪽으로 사라져 갔다.

"그 대꼭지 이리 좀 내미시옵지."

고을댁은 대꼭지에 새로 담배를 담아 물고 영감이 내민 담뱃대에다, 불을 붙여서 문다.

"참, 닭모이를 주었덩가?"

영감은 금방 닫아 버렸던 살창문을 이번에는 대꼭지로 다시 열어제치고 나더니,

"달걀들을 집어 왔소?"

마누라에게 묻는다.

"그것들이 먹새질만 잘 하지 어디 알을 났읍능가, 염통에 기름이 쩌 가지고 보리를 뿌레 주믄 끼웃끼웃 하면서 주둥이로 물었다 났다 하옵더구마."

"그렇다믄 놈들이 잘 먹는 먹새는 무어길래?"

"그거야 수수쌀이나 기장쌀 같은 게지만 뉘구 저희들 입맛대루 주웁능가. 숫놈은 숫놈대루 암놈은 암놈대루, 온종일 쪼사먹는데 먹는 대로 모이를 뿌레 준다믄, 하루에 한 됫박두 모자랄 것 같오꼬마."

고을댁은 담배를 풀석대며, 가느다란 목소리로 몇 번이고 한 같은 이야기를 처음이기나 하듯 천연스런 얼굴로 말했다.

"닭이 하루에 차돌 서 되를 먹는다구들 하더잉 잡아 보믄 달걀턱밖에 안 되는 염통에 무슨 먹이를 그렇게 먹어대는지."

"임자두 닭의 염통턱이나 되지 아마, 먹새가 그만하믄."

송 영감은 손가락으로 들창 문고리를 잡아다녀 도로 닫아 버리고는 싱긋이 웃는다.

"영감 염통은 작아서 한이웁는가. 내사 보니 영감 염통에는 고기하구 찰떡하고 소주하구는 무진장으루 받아들이는 도가지가 있읍더구마."

고을댁은 이번에도 낮고 가는 목소리로 영감의 말을 반박하고 나서,

"영감, 암만해도 속이 끓어서 앙이되겠오꼬마, 담배내굴(연기)루 그냥 눌러 볼까 했는데."

고을댁은 아까 이른 점심 때 추석 나물들이 조금씩 쉰 냄새가 났으나 버리기도 아깝고, 또 와작와작 먹어 주는 입도 없어서 그녀는 자신의 위장 속에다 되도록 많은 분량의 나물을 처분할 수밖에 없었다.

덕분으로 벌써부터 선 트림이 나고 사지가 나른해서 움지적거리기가 싫었다.

"내 그럴 줄 알았지. 쉰내나는 음식을 그렇게 욕심내는 게 앙인데, 차라리 삽살이나 줄 일이지."

"요즘에는 삽살이두 쇠고기 국물에 맛을 들였는지 나물은 물었다가 두 배알어 버리웁더구마."

"삽살이두 안 먹는 나물을 그렇게 거둬먹었으니 속탈이 날 수밖에. 그러기에 옛말 그른 데가 없어. 애끼면 지 애낀다구 할망이가 속탈이 났으니 애무하게 영심환깨나 또 족치게 생겼지."

영감은 담뱃대를 문 채 고을댁을 건너다본다. 쓰다듬는 듯한 눈길이었다.

"내사 영심환을 달라고 앙이했오꼬마, 담배맛이 신통치 안타고 했을 뿐이웁지비."

고을댁은 아직도 고운 눈매로 웃으며 영감을 흘긴다.

"달라는 소리는 어떻게 하는구?"

영감이 이번에는 갓집을 쳐다보며 말한다. 갓집 속에는 영심환 봉지가 들어 있었다.

먹새가 좋은 늙은 그들 내외에게는 영심환이 만병 통치의 약으로 되어 있었다. 속이 언짢을 때, 두통이 날 때, 그들은 영심환 몇 알을 먹으면 되었다.

"어이구, 내사 영갬이 무서바서 영심환두 못 먹는 위인이겠오꼬마."

고을댁은 장죽을 입에서 빼내, 재떨이에다 재를 털어낸다.

"그렇챙잉가?"

영감은 장죽꼭지를 재떨이에 기대 놓고는 일어나서 갓집문을 열고 영심환 봉지를 꺼내들더니, 그 중 다섯 알인가를 마누라에게 넘겨 준다.

"추석 전에는 머루가 그렇게 먹히더니 배탈이 나웁더구마."

고을댁은 영심환을 손바닥에 받아들고는 역시 고운 눈매로 웃으며 말했다.

"그래 다래는 안 먹더구마."

영감도 눈을 붙이며 웃는다.

"젊었을 때 그런 거 실컨 먹었더믄 어떻게 됐을까. 고분 각시가 머루 다래루 수태라두 했을껜가, 혹여 그랬더라믄사 할망이 이빨이 요즘 같이 말짱할라구?"

"다 사람 팔째 그만이라는 게 있는데 나이 환갑이 넘은 지도 네다섯 해가 됐오꼬마. 그런데두 영감이 옆에 계시니 내사 무스거 더 바라겠습능가. 영감은 영감대루 장대 같은 아들이 있으잉, 내사 영감께 선심을 썼다믄 썼지, 작죄한 게야 없읍지비."

고을댁은 고개를 돌려 넌지시 영감을 바라본다.

"장대고 도리깨고간에 내 아들이믄 할망이 아들이지, 선심은 무어고 작죄는 무언고. 속이 훌렁거린다구 하더잉 입귀도 비뚤어지는 모양인데. 어서어서 영심환이나 먹도록 하오."

송 영감은 재떨이에다 대통을 두들겨서 재를 떨기 시작했고 밖에서는 구구거리는 닭 울음소리가 들려 왔다. 모이를 달라는 것인지, 삽살이가 코를 끄을고 가까이 접근한다고 경계를 하고 있는 것인지, 송 영감에게는 얼른 판단이 오지 않았다. 어쩌면 목이 말라서 그렇게 보채고 있는지도 몰랐다.

"저놈들이 꽤는 시끄럽게 울어 대는데 남은 싸래기가 있으믄 좀 줘 볼까? 팥은 오늘 떨어 버릴까? 그만둘까?"

송 영감은 거의 혼자말같이 중얼거리며 방문을 열어젖히고 밖을 내다본다. 서너 자 넓이의 송판마루 중턱에 가을 해가 찰랑찰랑 고여 있었다.

싸리배 재너머 마늘밭 속에 있는 한 그루의 돌배나무의 호두알만큼씩이나 큰 돌배가 무진장 열려서 누르스름한 빛깔로 익어 있었다.

고향에서라면 그러한 나무 위에 까치가 둥우리를 틀 법도 하건만 만주땅에서는 까치집을 보기란 여간 드문 일이 아니었다. 하늘에서는 또 갈가마귀떼가 그 자지러지는 듯한 울음소리에 맞추듯 죽지를 치고 날아가고 있었다.

"어이구, 저놈의 갈가마귀는 울음소리가 질색이웁더구마. 사람의 심정을 후벼파서 흔들어 대는 그런 이상한 소리루 울어 쌌는데 날아갈 때는 기레긴지, 까마귄지 분간이 앙이되는 새웁지."

이 때, 송 영감은 마당에 내려 섰고 고을댁은 마루에 나와 있었다.

"임자가 눈이 나빠 그렇지, 그래두 목에서 가슴께는 까치같이 흰빛이고 죽지하고 대가리 쪽이 검은빛인데 어디 까마귀에 댈라구. 거기다 몸매는 까마귀보다는 작고 제비보다는 두 배가 크지."

송 영감은 오금에 감아드는 삽살이를 발길로 제지하며 그냥 엉거주춤이 서 있다.

입으로는 갈가마귀에 대해 이야기하고 있었지만 속으로는 돌배를 따서 독에다 처넣어 버리는 편이 팥을 터는 것(타작)보다 낫겠다는 생각을 하고 있었다.

고을댁은 추석 팥고물이 쉴지도 모르니까 들깨 볶은 것을 고물에 섞어서 물을 붓고 조찰떡 범벅을 해 놓으면 영감이 달게 자실 것도 같다는 생각을 하며 여전히 먼 하늘을 보고 있었다.

하얀 구름덩이가 두둥실 떠 있는 새파란 하늘 어딘가에는 벌써부터 겨울의 칼날 같은 추위가 숨겨져 있는 것도 같아 고을댁은 어깨를 오므리고 등을 구부려뜨린 채 눈을 돌려 마당 밖으로 걸어나가는 영감의 뒷모습을 쫓고 있었다.

나이 육십이 넘은 지도 네다섯 해 지났건만 그녀의 반듯한 이마에는 아직 주름살 하나 가 있지 않았다.

흰 무명베 치마에 흰 무명베 겹저고리조차도 그녀에게는 그것이 꼭 맞는 제복만큼이나 잘 어울렸다. 여름이면 육칠 새*의 비교적 굵은 삼베치마와 삼베적삼이요, 봄과 가을과 겨울이면 한결같이 흰 무명베 옷을 그녀는 입고 있었다.

길쌈내를 한사코 말려쌌는 영감 때문에 올해부터는 길쌈내를 그만두기로 한 것이지만 고을댁은 겨우내 손이 심심해서 어찌 사느냐고 벌써부터 걱정이었다.

벼낟가리를 비롯해서 낟가리가 네댓이나 되는 것도 돌이켜보면 고을

＊새　피륙의 날을 세는 단위. 날실 마흔 올을 한 새로 침.

댁의 길쌈내가 쌓아올린 공적이랄 수도 있었다.

영감은 뒴무지 위에 누워서 한가하게 먹이를 되새기고 있는 황소를 찬찬히 살펴보았다. 소중하고 가엾었다. 좋은 먹이 생각을 할 것도 같아 콩을 두 됫박이나 헛간 콩뒤주에서 퍼내 가지고 소먹이를 삶는 가마에 가져다 부었다.

콩깍지하고 함께 삶아서 좀 늦기는 했으나 그런 대로 소에게도 햇곡식으로 된 추석 음식을 먹여 주리라 했다.

추석이 지난 지도 나흘째, 한여름에도 밤이면 광목 중의적삼이 살갗에 맞는, 대륙의 시원한 기후이니만큼 어제 오늘은 날씨가 제법 쌀쌀한 편이더니 밤공기는 늦가을 그대로 싸늘했다.

몇 시나 되었을까, 달은 대낮같이 밝게 창문에 비쳐져 왔다. 달빛에 잠을 설치었다. 길쌈내도 하지 않는데다 추석이랍시고 며칠 동안 편히 지냈더니 잠이 설치나 보았다.

일어나서 숭늉이라도 한 대접 들이키고 나면 잠이 올 것도 같아 그녀는 부엌에 나가 숭늉을 마시고 돌아와서 누웠다. 그 사이 송 영감도 잠이 깬 모양으로 마른기침을 두어 번 하고 나더니 손으로 마누라가 누운 곳을 더듬어 보고는,

"임자, 속이 불편해서 그러우?"

고을댁 쪽으로 돌아누우며 물었다.

"앙이, 그저, 잠이 앙이 와서 그리우꼬마."

고을댁도 돌아누우며 대답했다.

"달이 낮같이 밝아서 그럴까, 팔자가 편해서 그럴까? 하긴 담배를 나보다두 많이 피우는데 잠이 제대루 올 리가 없지."

송 영감은 장작개비나 다름없는 그의 팔을 고을댁의 허리에 걸친다. 고을댁은 이불을 당겨서 영감의 어깨를 가려 주며 밝는 날에는 삽살이

굴에다 볏집을, 그것도 많이 넣어 주어야겠다는 생각을 하다가 어떻게 잠이 들었던가 보았다.

영감이 장대로 털어낸 돌배를 독에다 넣어 두었는데 자기가 잠깐 집을 비우고 난 사이에 독 안에 넣어서 한 달쯤 더 익혀야 할 돌배를 누군가가 몽땅 가져가 버리고 없어졌다는 것이었다.

영감, 당신이 퍼내갔읍지?

고을댁 자신이 영감에게 묻는 것도 아니고 대어들었다는 것이었다.

내가 그걸 퍼내서 닭새끼들을 주었을라고? 내사 돌배가 익으믄 할망이 당신하구 같이 아들집에 가져다 주리라 했는데 앙이 그래 내가 퍼냈단 말이요? 낸들 그렇게 생각 앙이 한 줄 아시습능가? 해마다 해마다 돌배를 섬으루 따서 독으루 익혜서, 영감 당신이 먹었습능가, 내가 먹었읍능가.

돌배는 익기가 무섭게 돌돌 굴러서, 돌돌 굴러서, 돌돌 굴러서 꼬꼬오 꼬꼬오, 고을댁은 영감하고 이야기를 나누다가 희미하게 닭 울음소리를 들었다.

닭 울음소리는 차츰 선명하게 들려 왔다. 닭이 몇 홰째 우는 것일까, 창문이 훤하다. 일어나서 창문을 열어 보니 훤한 것은 달빛이었다. 닭이 아마 첫홰를 운 것이리라.

다시 잠을 설치다가 아침에 일어나니 낟가리와 헛간 지붕 위에 서리가 뽀얗게 내려져 있었다.

앞으로 날은 날마다 추워질 것이고 하늘은 속도 없이 깊게 패여서 한층 푸르러지겠지. 영감이 지게로 물을 길어다 준다지만 민망스러워서 오는 봄에는 꼭 그 뽐뿌(펌프)라는 것을 마당에다 박아 놓고 물 호강을 해봄직도 한데 아들이 돈을 들였다고 제 돈 맞잡이로 아까워하지나 않을지? 고을댁은 골몰한 생각들을 털 듯 영감하고 같이 팥을 털었다. 소두로 닷말은 좋이 되었다.

수수쌀도 한 섬은 날 것 같고 강냉이 알도 한 섬들이 뒤주에 그득히 차 있었다. 조나 벼는 서둘러 타작을 해서 급하게 낼 것 없이 시세가 오름세인 새 봄에 내면 그만이었다. 그리고 보니 이제는 마당질(타작)도 한 고비를 넘긴 셈이었다. 봄이면 밭갈이는 고국보다 늦게 하고 거두기는 고국보다 일찍 하게 되는데 그 곳 만주 지방의 기후와 풍토의 탓이라 하였다.

그 날도 고을댁은 이른 조반에 영심환을 먹고 몇 번인가 트림을 했다. 속이 한결 개운해지고 머릿속도 환히 밝아 왔다.

"영감 점심을 채리라웁능가?"

고을댁은 팥을 키질해서 뒤주에 부었다. 그리고는 아직 뒷거두매를 하고 있는 영감을 향해 가느다란 소리로 물었던 것이다.

"찰범벅이나 먹을까?"

영감은 그대로 비질을 하며 이렇게 대답했다.

"고깃국에다 찰범벅으?"

"찰범벅에 고깃국이믄사 더 좋지, 거 소주도 한 모금 데워 볼까?"

"대낮부터 술 생각이시읍능가!"

"오늘 일은 끝이 났으니, 술 한잔하고 쉬어야지."

"팔째두 좋소꼬마."

"임자 팔째가 내 팔째지."

"그럴 것 같습능가?"

"그렇지, 그럼 다르단 말인가?"

"남자분하구 여자하구 같읍능가?"

"여보 할망이, 그 남자 소리 그만두지, 우리들 나이에 무슨 남자 여자가 따루 있겠소?"

"말씀은 옳소꼬마는 그래두 남녀가 유별인데 영감 팔째가 어찌 내 팔째겠읍능가."

고을댁은 이미 솥 안에 준비해 두었던 찰범벅에다 녹두 부침이와 닳아서 보얗게 된 쇠다리뼈 국물 등 김이 무럭무럭 오르는 점심상을 영감 앞에 가져다 놓고 사기대접에 소주를 부어 영감 손에 들려 주었다. 영감은 손아귀에 술대접을 받아들고 한 모금 길게 들이켰다. 크으 하고 소주가 목구멍으로 지나간 뒤의 시원한 기분을 발성으로 나타내고 난 바로 같은 시각이었다.

삽살이가 껑껑 짖어 대는가 하자 닭들이 구구 구구, 소란을 떨어대는 게 아닌가. 어느 집의 버릇 나쁜 고양이라도 나타났나 보다고 고을댁이 녹두전을 손으로 집어올리는데,

"에헴, 에헴, 아반님이 계십니까?"

듣던 목소리가 들려왔다. 의심할 것도 없이 영감의 아들 수길의 목소리다. 아들네는 삼십 리 밖에서 구둣방을 내고 있었다. 벌이가 되는 모양으로 그들 네 식구는 아버지인 송 영감의 짐이 된다거나 하지는 않았다.

"앙이, 제 애비가 왔구만."

고을댁은 반사적으로 곧장 일어나서 방문을 열었다.

"아반님이 계십니까. 어만님, 제가 또 왔습니다. 손님을 모시고 왔습니다."

아들은 방으로 들어오지 않고 마루 아래 서 있었다. 아들 수길이었다. 추석 전에 문안 겸 해서 다녀간 아들이다. 그 아들이 손님하고 같이 왔다니 도대체 무슨 손님이란 말인가? 무슨 손님인데 먼 길을 마차에 흔들려, 함께 왔단 말인가.

"손님이라잉? 누구 말이냐, 일이 바쁘다고 하더잉만 집을 자주 비워 두 장사에는 지장이 없겠느냐?"

영감은 고개를 뽑아들고 밖을 내다보았다. 손님은 보이지 않았다.

"제애비(아범) 어서 올라오우, 손님은 어디 계시구?"

고을댁은 어느덧 문 앞에 가서 서 있었다.

"다름이 아니구 사실은 고국에서 어만님을 찾아 아드님이 오셨습니다. 그래서 제가 그분하고 같이 왔습니다."

수길은 고을댁을 바라다보며 그녀의 동정을 찬찬히 살피고 있었다.

"앙이, 고국에서? 아들이, 나를 찾아오다잉 도대체 제애비 그게 무슨 소리요?"

고을댁은 무슨 이야긴지 전연 이해가 안 된다는 그러한 표정이었다.

"저기 밖에 계십니다. 아드님 말씀이 어만님을 만나 뵈믄 아신다고 하십니다."

이번에는 송 영감을 바라보며 수길이 말했다.

"아들? 아니, 저 할망이가 아들은 무슨 아들이 있던고?"

송 영감은 차라리 어처구니 없는 표정으로 고을댁을 올려다본다.

"아무튼 밖에 있으니 제가 모시고 오겠습니다. 만나 보시믄 어만님도 아실 게라고 합디다."

수길은 다듬이발이 번들거리는 흰 옥당무 두루마기 자락을 펄럭대며 울 밖으로 나갔다. 영감은 반쯤 얼이 빠진 듯한 고을댁의 옆모습을 쳐다보며 입 속으로,

"아들이라, 알다가도 모를 일이군. 혹시 저 할망이가 나를 쇡여온 게 앙이던가?"

혼자말을 중얼대고 있었다. 그러나 이러한 송 영감의 혼자말이 미처 끝나기도 전에 수길이와 나란히 역시 흰 두루마기에 갓을 뎅그맣게 쓴 남자가 마당 안으로 들어왔다.

나이는 수길이보다 아랫줄로 한 삼십여 세쯤 나 보였다. 그가 입은 흰 두루마기는 약간 더러워지기는 했으나 그래도 진솔 옥양목이었다. 그 두루마기 밑으로 진솔로 된 하얀 겹바지가 옥색 대님으로 느슨히 묶여져 있었다.

그는 얼빠진 얼굴로 서 있는 고을댁하고 시선이 마주치자 펄쩍 땅바닥에 엎드려 큰절을 하고는 엎드린 채,

"어만님, 이제사 이 불효자식이 만고의 죄인됨을 며, 면할 것 같습니다. 뵈, 뵈옵지 못한 그 동안을, 그, 그래 얼마나 서럽게 지내셨습능가?"

그는 어깨를 간간이 들먹이며 설움이 복받쳐서 참을 수 없노라는, 그러한 목소리로 간신히 말을 이었다.

"이거, 여기서 이러실 게 아니라 어서 방으로 들어가도록 하십시다. 들어가서 말씀하시면 어만님도 잘 알아들으시겠지요."

수길이는 일어나서 그의 팔을 잡고 끌었다.

"아, 앙이올시다. 길고 긴 세월을 두고 어만님을 모시지 못한 불효막심한 뇜인데 여기믄 어떻습니까?"

그는 두 팔로 단단히 땅을 짚고 엎드린 채 떨어뜨린 고개조차 들지를 않는다.

"앙이, 내게 아, 아들이 있다잉, 이게 지애비 어찌 된 일이요?"

고을댁은 반듯한 이마를 숙여 수길이를 내려다보았다. 그러자,

"아이고오, 아이고오, 아이고오."

땅바닥에 엎드려 있던 갓 쓴 나그네는 서럽게 한동안 통곡을 하고 나더니,

"어만님, 그렇게 모르스겠습능가? 그렇기도 하겠오꼬마. 아이고오, 아이고오, 어만님 가엾오꼬마. 아이고오."

그는 또 한동안 몹시도 서럽게 통곡을 해댔다.

"자, 천수 씨 고정하십시오. 고정하시고 들어가서 어만님께 인사 말씀을 하십시오."

수길이 팔을 잡아 그 갓을 쓴 사람을 끌었다. 그는 못 이기는 듯이, 수길에게 끌려서 마루에 올라왔다.

마루에 올라온 그는 이끄는 수길의 팔을 뿌리치고,

"앙이 우꼬마, 여기믄 어떻습능가. 그 동안 어만님을 모시지도 못한 불효자식인데, 감히 제가 어찌 방으로 들어가겠습능가."

마룻바닥에 또다시 찰싹 엎드려 버린다.

"허어, 젊은이, 내사 어찌 된 곡절인지 모르기는 하겠오만, 일이 어찌 됐던간에 이리 들어와서 차근히 이야기나 해 보우."

송 영감은 받은 점심상을 물릴 수도 없고, 그렇다고 먹을 수도 없는 노릇이어서 엉거주춤한 자세로 마룻바닥에 엎드려 있는 갓 쓴 나그네를 내다보며 부드러운 목소리를 짜냈다.

사십여 년 동안 이렇다 할 기별조차 한 번도 없었던 묵은 일이, 알 수도 없는 사람의 입에 담겨지는 것도 유쾌한 일이 못 되는 데다, 생판으로 고을댁을 보고 어만님, 어만님하고 스스럽지 않게 불러 대는 것도 송 노인으로서는 매우 못마땅한 일이었다. 그런대로 고을댁의 체면을 생각해서 일단 참아 주리라, 그는 속으로 결정을 내리고 겨우 인사땜을 했다.

"앙이 우꼬마, 여기믄 어떻습능가. 노인장 어른께서 그 동안 저희 어만님을 불쌍히 여기시어 잘 거둬 주시었다고 많이 들어서 잘 알고 있오꼬마, 감사하기 이를 데 없오꼬마, 감사무진이우꼬마. 노인장 어르신네, 불초한 천수 절으 올리겠오꼬마, 절으 받으시웁지."

그는 이번에도 목이 꽉 막힌 듯한 목소리로 꺽꺽 말을 꺾으며 이렇게 지껄여 대고 나서, 넙죽넙죽 두 번 연거푸 절을 해댄다.

"허어, 내사 도시 영문을 모르겠군."

송 노인이 아연한 표정으로 탄식을 하듯 이렇게 중얼거리고 나자, 그는 다시,

"어만님, 불초 천수가 이동호 그분의 아들이우꼬마. 숙부님이었습지요, 제 부친은 그 어른의 형님 되는 장호가 아니웁능가. 숙부님께서

그렇게 돌아가셨는데 제사를 모실 후손이 없어서야 되겠느냐구, 차자인 저에게 숙부님 제사를 모시게 해서 불초 천수가 오늘날까지 동호 숙부님을 아반님으로, 제사를 모세왔오꼬마, 어만님."

그는 여전히 엎드린 채 고개를 깊숙이 떨어뜨리고 울먹이는 목소리로 비로소 좀더 자세히 자기 소개를 늘어놓았다.

고을댁의 얼굴에는 형언키 어려운 표정이 들쑹날쑹하고 있더니 드디어는 처참하도록 그녀의 반듯한 얼굴이 실룩대기 시작했다. 목소리도 떨려나왔다.

떨리는 두 손으로 고을댁은 덤썩 마루에 엎드려 있는, 그 갓을 쓴 사람의 어깨를 움켜잡았다.

"그, 그렇구마, 그렇구마. 자, 자네가, 바, 바루, 그분의, 그분의, 그 가없은 분의 제, 제사를 모세온 그분의 아, 아들이구마, 그렇구마."

고을댁은 목이 메어 더는 말을 잇지 못한다.

"네에, 어만님, 그렇소꼬마, 그렇소꼬마. 그래서 어만님 발서부터 제가 어만님으 모세 가자구 했습는데 형펜이 그리 안 되어서 그 동안은 내내 불효재 노릇을 해왔던 게우꼬마. 그러나 저희집도 늙으신 어만님을 모실 만하게 형펜이 페워서 이렇게 모시러 왔오꼬마."

갓을 쓴 젊은이는 반쯤 엎드린 채 이번에는 목을 조금 쳐들고 고을댁을 쳐다보며 울먹이는 목소리로 이렇게 말했다.

"원 세상에 이런 벤이 있능가. 내사 살다가 보잉 내게 이런 날도 있었구마. 이거 보게, 내 아들 천수, 어서어서 이리 방으로 들어오우, 여보시우 영감, 당신두 그 점심상을 저리 좀 물리시구 내 아들 절이나 한번 더 받아 주시우."

고을댁은 치마꼬리로 얼굴을 닦으며 한 손으로 천수의 팔을 방 안으로 끌어들였다.

구월도 반이나 넘은 논바닥에는 아침이 늦었는데도 서리가 뽀오얗게 남아 있었다.

고을댁은 앙상한 볏그루 위를 피해 조심스레 발을 옮겨 놓았다. 천수의 옆에는 고을댁의 옷보퉁이를 진 짐꾼이 따르고 있었고 고을댁은 뽀얀 서리밭 위에 얼룩지는 아들인 천수의 흔들리는 그림자조차도 행여 밟을까 보아 고불고불한 벼그루턱을 건너뛰며 걸었다.

행길보다는 지름길인 논길을 그들은 걷고 있었던 것이다. 옛말에 십 년이면 강산도 변한다든가. 그러나 강산은 사십여 년 동안 변하지 않은 채 예대로 있었다.

변한 것은 철길과 기차 정거장과 유리창문을 달고 양철 지붕을 옌 일본집들이 큰길 앞에 줄지어 있는 일 따위들이었다.

그 때는 그 곳이 삼밭과 조밭과 수수밭이었다. 길은 술기(달구지)가 지나다닐 수 있는 넓이로 닦여져 있었다고, 고을댁은 지금 지나온 길 주변을 회상하다가 문득 눈앞에 흐르는 냇물 앞에서 주춤 걸음을 멈췄다.

냇물 앞에 넓은 다리가 평평하게 놓여져 있었고 아침 햇살을 받은 냇물은 밝은 빛으로 번쩍거리고 흘러갔다.

자줏빛 댕기를 풀어서 입고 있던 옷과 함께 대걸이(옷걸이)에 걸쳐 놓고는 베옷에다 열세삼베치마를 쓰고 고을댁은 이 냇물을 건너갔다. 장마 뒤여서 냇물은 허리까지 찼고 물빛은 고을댁의 마음 속 그대로 검붉은 황톳빛이었다.

허리에 밧줄을 매고 앞과 뒤에 장정이 한 사람씩, 그녀의 허리에 동여맨 밧줄을 허리에 감고, 다시 손목에다 감아쥐고는 고을댁을 인도해서 강물을 건너게 했다.

고을댁의 몸에 걸치고 있는 베옷과, 하늘과 땅을 보아서는 안 될 죄인으로 그 몸을 가리게 하고 있는 쓰개삼베치마도 고을댁의 눈 속같이 어듭게, 그리고 흠뻑 젖어 있었다.

수시에 방울을 물리고 연둣빛 갑사로 지붕과 둘레를 바르고 남갑사와 주홍빛 갑사로 골과 손을 두르고 주칠을 한 가마에 역시 주칠을 한 앗자창*에 앗자문이 달린 가마를 타고 신랑편에서 보낸 기러기를 옆에, 녹의 홍상으로 큰 머리에 금자박이 붉은 갑사댕기를 줄줄이 늘이고 신랑이 탄 당나귀 발굽소리를 귀담아들으며 시집갈 잔칫날을 기다리고 있던 고을 처녀 곱단이었다.

새댁이 되어서 입을 갖가지 옷들이 새로 지어질 때마다 곱단이는 밤이면 몰래 그 옷을 훔치듯 입어 보고 남들이 곱다고 하는 자신의 얼굴을 거울에 비춰 보곤 했다.

틀림없이 고운 얼굴이었다. 그처럼 심하게 앓았다는 마마도 자욱 하나 없었다. 아직껏 한 번도 본 적이 없는 신랑의 모습은 어떻게 생겼을까, 자기와 비슷하게 닮은 얼굴이라면 어떨까, 혹시 마마 자욱이 코끝 같은 데 남아 있기라도 한다면 그러면 어떻게 했을까.

물론 그럴 리가 없겠지만 신랑의 나이 겨우 열넷이라는데 나이 어린 신랑이 자기를 남들모양 곱다고 알아나 줄지, 자리 속에 들어가 잠이 들기까지 혼인날을 두 달쯤 앞둔 곱단의 생각은 날개에 날개를 달고 앞날을 향해 날아다니고 있었다.

그러한 어느 날 곱단이는 뒷방에서 어머니와 함께 혼수감을 마름질하고 있었다.

장마 뒤여서 집 안에는 아직도 눅진거리는 습기로, 곰팡내 같은 것이 풍겨져 있기도 했다. 아버지는 담장 밖에 있는 보릿짚을 살괭이로 긁어 모으고 있었다. 나이 어린 동생들은 소먹이 새를 베러 산으로 갔다고 그들 모녀는 알고 있었다.

---

* 앗자(亞字)창 창살이 '아(亞)' 자 모양으로 생긴 창.

"올해 감자 농사는 장마 때문에 어떻게 될지 걱정이다. 감재라두 많이 나야지. 감재엿두 잘만 다리믄 시지 않은데."

어머니는 잔치 때 쓸 엿 걱정을 하고 계셨나 보았다. 이 때였다.

"여보오, 제 에미 거기 있소?"

아버지의 적이 당황한 목소리가 앞마당 쪽에서 들려왔다. 곱단이 모녀는 꼭같이 무엇에 얻어맞은 듯 놀랐다. 아이들이 급류에 휩쓸렸거나 아니면 어느 밭뙈기가 물 속에 잠겨 버렸거나 했을 것만 같았다.

"예에 여기 있오꼬마."

어머니가 부엌 쪽으로 나갔다. 곱단이는 귀를 기울이고 그대로 앉아 있었다.

공연히 가슴이 후둑후둑 뛰었다. 어머니는 마당 쪽으로 나간 것일까, 부엌 쪽에서는 파리가 붕붕 날개를 불며 다니는 소리밖에는 다른 아무 소리도 들려 오지 않았다. 그러나 다음 순간,

"아이구우 이 노릇으, 이게 무슨 소리요, 이런 일이 세상에 아이구우 곱단아, 이 노릇으, 이 노릇으 어찌느냐?"

어머니의 자지러지는 통곡소리와 짝짝 손바닥을 마주치는 소리가 들려왔다. 곱단이는 사지가 오그라붙어 버린 듯, 앉은 자리에서 일어날 수가 없었다.

영문도 분명히는 알 수가 없었다. 다만 말 못 할 불행이 그 습기로 그득찬 집 안에 들이닥쳤다고는 짐작이 갔다.

"아이구우 곱단아아 곱단아아, 아이구 불쌍해라, 아이구 불쌍해라, 니 신세를 어찌느냐, 아침에 그 사름이 죽었단다. 홍역으 앓다가 죽었단다, 홍역에 죽었단다. 그 사름이 니 신세르 조지자구, 나이 열넷에 홍역은 무슨 홍역이냐."

곱단이는 혼수감을 밀어 놓고 무릎 위에 고개를 받친 채 움직이지 않고 있었다. 흐느껴지지도 않는데 눈물이 한없이 한없이 흘러내리기 시

작했다.

　어머니가 곱단의 어깨를 쓸어안고 통곡을 해댔고 이웃집 아주머니가 그녀의 머리에 불룩하게 고를 빼서 물린 자줏빛 갑사댕기를 뽑아 냈다. 마당 안은 몰려든 이웃 사람들로 득실거렸다. 웃방의 노인네들은 어서 삼베옷으로 갈아입고 가는 삼베치마를 쓰고 시댁에 가서 죽은 신랑을 모시고 있어야 한다고 했다.

　이미 정혼한 몸이니 비록 신랑감이 죽었다 할지라도 곱단이는 지씨네 문중 사람이지 차씨네 사람이 아니라는 것이었다. 드디어 곱단이는 시신이 된 신랑의 신부로 집을 떠나게 되었다.

　"술기에다 흰 청천으(차일) 치고 곱단이를 앉아 가게 하웁지비."

　어머니는 하다못해 술기에라도 그녀를 태워 보내야 한다고 우겨 댔으나, 그것은 예법에 없는 일이므로 그렇게는 못 하는 법이라 했다. 천하에 죄를 진 처녀과부가 호사스럽게 탈것에 앉아 갈 수는 없는 것이 예법이라 했다.

　홑광목 버선에다 석새(굵은) 삼베옷에 쓰는 것만은 하늘이 무서우니 가는 베로 하되 총신도 날이 굵어야 한다고 했다.

　예법대로 길고 폭넓은 삼베치마를 둘러쓰고 사촌 오라버니와 시댁에서 신랑의 부고를 들고 온 사람의 뒤를 따라, 그녀는 이승을 하직하듯 생가를 나섰다.

　장마가 지나간, 질적거리는 길에, 돌부리는 왜 그다지도 많았는지 걸음을 옮겨 놓을 그 때마다 돌부리가 곱단의 발가락에 채여 왔다. 지그시 아픔을 견디며 그녀 자신은 천지에 용납이 되지 않는 하늘과 땅이 아는 죄인임을 되새기고 되새기고 했다.

　지금 그 길은 신작로가 되었다던가. 부모님은 이미 세상을 떴고 동생들은 기차가 놓인 뒤 간도, 왕청현 쪽으로 이사를 가고 없다고 했다. 그래도 고향땅이었다.

냇물은 의구하여 곱단이는 고을댁으로 지금 그 냇물 위에 놓인 넓은 다리를 건너가고 있었다. 반듯한 다리를 부끄럽지 않게 밟으며 걸어가고 있었다. 북만주로 밤길을 타서 송 영감과 함께 도망을 칠 때도 고을댁은 이 냇물을 건너갔다.

그 밤에 자기들을 은밀히 보내 주던 시댁 어른들도 이미 황천객이 되어 있다지 않는가.

비록 육례는 갖추지 못했을망정 자기는 지씨 집안에서 동호의 미망인으로 삼년상을 치른, 떳떳한 동호의 아내였다. 다시 동호의 아내가 되기 위해 그와 함께, 같은 무덤에 묻힐 그것만을 소망으로 지금 냇물을 고을댁은 건너가고 있었다.

살았을 때 한 번도 본 적이 없는 정혼한 남편 동호를 고을댁은 입관할 때 똑똑히 그 얼굴을 보아 두었다. 체면을 무릅쓰고 보고 또 보고 했던 그의 앳된 얼굴은 그의 이름같이 동그스름하게 날이 서 있었다.

동그스름하게 날이 선 그의 얼굴에 대한 기억을 가슴 뿌듯이 안고 삼년을 하루같이 조석을 받들어 올리고 곡을 하고 향을 살라 이야기를 나누고 밤이면 혼백이 놓인 상문의 휘장 밑에 발을 디밀고, 그렇게 발을 디밀고 있어야만 잠이 오던 시절도 마냥 슬프기만 한 세월도 아니었다. 국대접에 밥을 말아올릴 때나 나물그릇에 젓가락을 받쳐놓을 때마다 남편은 혼연한 얼굴로 자기와 이야기를 나누고 있다고 그녀는 반갑고 만족스러운 표정으로 그것들을 지켜보고 있었다.

밤이면 찾아드는 그 적막 속에 남편은 은연중 이불 속에 들어와서 자기를 품에 안고 함께 꿈 속으로 떨어져 간다고 깨달아질 때의 그 감미로운 행복감을 그녀는 아직도 기억하고 있었다.

아침이 되어 손으로 훑어서 머리를 매만질 때면 으레 남편은 내가 죽어서 당신은 머리에 빗질도 못 하고 삼 년 동안 물에 머리를 감지도 못한다 하니 미안하고 안됐소만, 그대신 비듬도 끼지 않고 머리도 헝클지는 않으리다. 이도 생겨나지 않을 것이니 두고 보시오, 말하는 것 같아 머리카락을 한 올씩 정성스레 훑어 내렸다.

그 정성 때문이었는지 삼 년 동안 빗도 대지 않고, 물에다 머리를 감아 빗지도 않았건만 서캐조차 머리에 꼬이지 않았다. 예를 갖추지 못한 처녀과수인데 어찌 머린들 얹을 수 있으랴 싶어 풀어진 머리 밑을 삼노끈으로 묶고 삼 년을 살았고 다시 석 달을 살았다.

그렇게 되자 시댁 주변의 어른들이, 집안의 창피는 불운 때문인데 불쌍한 처녀청상을 평생토록 죽은 신랑의 혼백하고 묶어둘 수는 없는 노릇이라 하여 아들 하나를 둔 홀아비 송 씨에게 그녀를 떠넘겨서 고향을 뜨게 했던 것은, 잘한 일이었는지 잘못한 일이었는지 지금 밤을 도와 떠나갔던 그 길을 되돌아오는 고을댁으로서는 판가름하기가 어려웠다.

다만 송 영감의 시신을 지켜 머리를 풀어 준다거나 송 영감이 자기의 시신을 지키고 앉아 울어 준다거나 하는 일 따위는 생각만 해도 을씨년스러웠다.

먹을 것이 충족해도 공연스레 허전한 구석을 메워볼 수 없었던 만주 땅에 죽어서까지 파묻혀야 한다고 생각할 때의 아득한 심정은 고사하고라도 영감의 아들인 수길네가 손 끝으로 모은 자기의 세간들을 귀신이 붙은 무당집 헝겊 쪼가리같이 취급하지 않으리라고 어느 뉘가 보장할 수 있었단 말인가.

"그러잉 잘하고 말고, 영감은 소를 가졌으잉 작뒤가 필요했을 께구 나는 작뒤 대신 칼과 호미를 챙겠으잉 재산은 한판으로 갈라 가진 셈이구."

고을댁은 송 영감의 뒤를 따라 냇물을 건너던 대목이 상기되자 천수가 나타난 이튿날부터 영감하고 타협해서 재산을 나누어 가지던 일이 생각났다.

자기의 손때 묻은 광주리, 영감의 손때 묻은 삼태미, 밥상과 밥그릇과 멍석과 돗자리와, 농기구와 숟가락에 이르기까지 더 주고 덜 가진 것도 없이 반듯하게 한판으로 나누어 가졌으니 이제는 되돌아볼 아무 것도 없다고 그녀는 그렇게 생각했다.

팔리지 않는 논밭을 돈으로 쳐서, 고을댁은 곡식으로 받았다. 곡식은 팔아서 현찰로 바꾸었다. 이부자리도 반으로 노나서 돈을 받고 팔았다.

돈은 그대로 아들 천수에게 넘겨 주었다. 그 돈이면 고향에 돌아가 상전 열 마지기에 소도 한 필 살 수 있다고들 하였다.

고을댁의 수중에 남은 것은 단지 자신의 옷가지 몇 벌과 열새 삼베 세 필에 여덟새 삼베 두 필뿐이었다.

그 삼베들은 영감과 자기의 죽음을 생각하고 벌써부터 장롱 깊숙이 간직해 두었던 것이지만 이제 송 영감하고 영영 이별을 하는 마당에서 그를 위해 그의 상수감을 걱정해 줄 필요가 없었다.

그보다는 고향에 돌아가, 아, 그렇다, 고향에 돌아가 그의 면례*를 위해 써야지, 그렇게 쓰여질려고 그것들을 간직해 두었나 보다고 그녀는 그 삼베필들을 자기의 봇짐 속 깊숙이 집어넣던 일도 지금 되새기고 있었다.

천수의 어머니로 고을댁은 일단 천수 내외가 기거하던 방에다 가지고 온 봇짐을 쌓아 놓고 그 방에서 며칠을 보냈다.

집안 어른들을 위시해서 며칠 동안 집 안은 인사하러 오는 손님들로 제법 흥청거렸다. 그 흥청대는 분위기는 고을댁으로 하여금 남편의 면례를 서두르게 했다. 면례 때 고을댁은 그 가는 열새 삼베 세 필로 이미 형체도 없는, 죽은 남편의 시신이 놓여 있던, 칠성판*을 겹겹이 덮어 주었다.

---

* **면례(緬禮)** 무덤을 옮겨 장사를 다시 지내는 것.
* **칠성판(七星板)** 관 속 바닥에 까는 얇은 널조각. 북두칠성을 본떠서 일곱 구멍을 뚫음.

허수아비

한 필쯤 남기고 싶었으나 아들며느리가 있는데, 손수 상수감을 생각한다는 것은 아들며느리가 없는 시절의 궁상 때문이라고 굳이 세 필을 온통 펼쳐서 남편의 칠성판을 서리서리 감아 주고 덮어 주었다. 나머지 두 필은 집안 사람들의 복건감으로 뜯어서 노놔 주고 한치도 남기지 않았다.

며느리는 부질없는 낭비라고 얼굴빛이 푸르락검으락했다. 천수는 천수대로 눈살을 한참씩 찌푸리고,

"아반님 혼백이 그런 거 안다웁던가?"

역정을 냈다. 고을댁은 아직 젊은 사람들이 그럴 법도 하다고,

"아들 며누리, 그런게 앙이네. 내가 와서 면례를 하는데 뵉인(服人)들에게 복건을 앙이 씌울 수야 없재잉가, 그렇챙잉가."

"그렇겠소꼬마, 어만님. 만고에 옐예(열녀)신데 그렇다마다."

천수는 입을 비쭉하고 돌아서 나갔다.

"앙이, 저 사름이?"

고을댁은 며느리 얼굴을 쳐다보았다.

"실루 옐예웁지비."

며느리도 입을 비쭉하고 나갔다. 젊은 사람들이 마음이 굳어서 삼베 몇 필이 아까워 그러나 보다고 고을댁은 스스로 마음을 눅치지 않을 수 없었다.

그보다도 문제는 아들네가 몹시 가난하게 살고 있다는 사실이었다. 집안 구석구석에서 가난은 두드러지게 고을댁의 눈에 띄었다. 농사꾼의 집에 낟가리는 고사하고 나락도 쓸어먹은 듯이 눈에 띄지 않았다. 뒤주도 없고 헛간조차 없는 방 하나에 골방하고 정지(부엌)만이 있는 이른바 세 칸(대여섯 평)짜리 집이었다.

그런대로 마당에는 차일을 치고 멍석을 깔고 면례제를 지낸답시고 동리 사람들로 떠들썩했다. 이웃에서는 부조 조로 반상(밥상)을 한 상씩

차려서 아낙네들이 이고 왔다. 손님들은 이웃에서 이고 온 반상으로 대접을 하고 반상이 물려지면 그것은 그대로 이고 온 아낙네들이 찾아서 이고 가 버리는 것이 상례로 되어 있었다. 그 때문에 천수네는 쌀말을 팔아다가 돼지다리를 삶은 국물로 친척들을 대접해야 했다. 대접을 받는 친척들은,

"그런 줄 몰랐더잉. 천수는 효자거든, 효자구말구."

칭찬을 했고,

"천수도 천수지만 할마잉가 참 놀랍습지. 앙이 세상에 그 사름이 머리도 올리지 못하고 죽어가기는 했지만 꽃 같은 새각시 손에서 삼 년 동안 조석으 받았겠다, 이번에는 또 이렇듯 그 손으로 면례에 제사까지 지내 주잉 과연 희한한 일이웁지비. 참 할망이 훌륭하우꼬마."

이런 투의 감탄을 아끼지 않았다.

그러나 그 날 밤 천수는 술이 얼근한 탓인지,

"어망이, 참 옐예요, 옐예. 흠, 부끄러바 앙이 죽는 게 사름이라더잉, ××를 팔아서 모은 돈으로 첫서방 면례를 치른 게 자랑이오? 내사 챙피스러바서."

일부러 일어나서 그는 문을 열고 침을 탁 배알았다.

고을댁은 하도 부끄러워 얼굴이 발갛게 끓어 댔으나, 우선은 담배를 피워무는 수밖에는 달리 할 일이 없었다.

옛날같이 이불 속에서 죽은 신랑의 발길을 느끼며 잠을 자려고 한 것도 손꼽아 며칠 밤이었던가.

"술 탓이겠지, 옛말에 술 먹은 사람은 술 먹은 개라지 않던가."

고을댁은 등을 꼬부리고 새우잠을 잤다. 꿈도 꾸었다. 꿈 속에서 송영감은 고을댁의 손을 꼭 틀어잡고 놓아 주지 않았다.

"가겠오꼬마 하나방이, 생각으 해 보시웁지. 당신은 아들이 있구 손재가 있오꼬마, 나는 아무것도 없다오꼬마. 그런데 아들이 살 만하게

돼서 나르 모시러 왔다고 하우꼬마. 가야 하웁지비, 가야 불쌍한 내가 사람청에 들게 되웁지비, 하나바잉 그렇채웁능가. 이 손으 놓아 주시웁지. 가겠오꼬마. 가야 하겠오꼬마, 아들이, 내 아들 천수가 왔오꼬마, 나르 데레가자구 왔오꼬마, 어서 이 손으 놓아 주시웁지."

손을 빼치려고 앙탈을 한다는데 또 어찌 된 셈인지 반대로 영감의 손을 자기가 꼭 잡아쥐고 놓지 않는다는 것이었다.

때마침 아하하핫 아하핫 하는 갈가마귀 울음소리가 하늘에서 들려온다는 것이었다. 갈가마귀는 더운 지방인 고향땅을 향해 날아간다는 것이었다.

"가겠오꼬마, 가야 하겠오꼬마, 아들이 와 있쟁이웁능가. 나르 데레 가자고 와있오꼬마."

고을댁이 앙탈을 하자 송 영감은 대답대신 빗자루로 마당을 쓸고 있다는 것이었다. 갈가마귀 울음소리는 좀더 크게 고을댁의 귓속을 파고 들었다.

그것은 아이의 울음소리였다. 아이는 기운이 빠진 듯이 울음소리를 죽이고 울고 있었다. 고을댁은 잠에서 깨었다.

손주아이 운백이 울고 있었다.

"운백아? 어째 보채느냐, 여기 와서 할마이하구 자자. 어서 이리 오 나라, 치버서 우느냐?"

"아아앙 아아앙."

아이는 좀더 큰 소리로 울어대기 시작했다. 천수의 네 살배기 셋째 아들이었다. 젖 탐이 심해서 젖먹이 계집애를 비집고 자다가 고을댁의 방으로 밀려온 것이었다.

"운백아, 어서 이리 오나라, 아바잉 잠으 깨겠다."

"아아앙, 할마이는 싫다, 할마이는 싫다. 할마이하구 같이 앙이 자겠 다."

아이는 점점 큰 소리로 울어댔고 옆 방에서 자고 있던 천수는,

"에구, 저 노친이 새끼 하나 없이 맺갖게 살아와서 운백이놈으 꼬집은 모양이야, 쩟쩟, 야 운백아 여기 정지르 나오나라, 아인 밤중에 울기는 머저리같이. 할망이 볼기짝으 꼬집더냐, 에익 시끄럽구마, 저 노친이 남자 생각이 나서 아 고치르 잡아댕긴 꼴이라 암만해두, 쩟쩟."

고을댁은 숨이 꽉 막혀 왔다.

가슴을 왼손으로 누르고 바른손으로 담뱃대를 찾아 물었다. 그저 물고 있었다. 아닌 밤중에 담배를 찾아 부스럭댈 수도 없었거니와 성냥을 그어댈 수는 더욱 없었다.

"아앙 아앙, 할마이하구 같이 앙이 자겠다. 할마이가 내 손으 꼭 쥐고 있었다잉. 할마이가 싫다잉, 내 손으 할마이가 잡구 있었다잉."

운백이놈은 종이 배접을 한 방문을 밀치고 부엌방으로 나갔다.

"앙이 벨일두 많구나, 늙은이가 오망(망녕)이 났다더냐, 잠으 자는 아아 손은 어째서 잡고 앙이 놓구 있는다더냐, 참 벨일이 다 있다."

이번에는 며느리가 목청을 돋우고 떠들어 댔다.

"허어 시끄럽꾸마. 그게사 뻔하지, 간지러바서 그런 게지, 운백이 손으 잡구 있는 게지, 큰 아아덜이 듣겠구마, 죄용이 하라구."

"아바지는 조용히 하믄 다우? 이래 가지구야 어디 아아덜으 키우겠다구."

며느리가 또 앙탈을 한다.

"할 쉬 없지, 제 똥이 쿠리잉 참아야지."

고을댁은 베개를 뽑아 가슴을 받쳤다. 집을 떠나올 때 영감의 돌아서 있는 모습을 뒤돌아다보고 찡 저려 오던 콧날이 지금은 저리지도 않고 걸쭉한 물기만을 흘려 보내고 있었다.

제가 벼린 도끼로 제 발등을 찍는 따위, 어리석고 뼈아픈 짓이었다고는, 머리를 풀어 삼 년을 공양한 남편하고 함께 묻히기 위해, 훗세상에

가서 떳떳한 삶을 살기 위해 돌아온 걸음인데, 뉘우치지 않으리라 했다. 영감이 죽으면 영감의 일찍이 죽어간 마누라와 함께 살 것이 아닌가. 낸들 어찌 계산이 없는 어리석은 걸음만을 했다고 말할 수 있으리오.

"오냐 오냐, 너희들 맘대로 하려므나. 꽃가마를 타고 와야 하는 시집을, 삼베치마로 하늘을 가린 죄인이 되어 발이 부르트게, 걸어서 걸어서 온 시집이었느니라."

체념을 하고 눈을 감았건만, 고을댁의 늙고 메마른 눈에서는 눈물이 소나기같이 쏟아져 내렸다.

이튿날은 날씨가 맑고 찼다. 그렇게 맑고 찬 날씨에 고을댁하고 나이가 비슷한 이웃 동리의 먼 친척뻘 되는 내외가 고을댁을 찾아 일부러 인사를 왔다.

억울한 세월을 삼 년 석 달이나 살고 간 그 불쌍한 처녀과부가, 다시 지씨네 귀신이 되려고 돌아왔다 하여 일부러 찾아왔노라고 했다. 천수는,

"그게 다 우리 아반님의 은덱이 앙이겠읍능가."

천연덕스레 대꾸했다.

"그렇구말구. 그게 다 연분이라는 거지, 연분이사 어디 살아서 뿐인가, 죽어서두 있는 법이라. 그런데 자네 자당은 방에 계신가?"

"예에 계시다마다. 어만님, 어만님, 저 하남 아즈바이 내외분이 어만님을 뵈자구 일부러 오셌오꼬마, 어서 방문으 여시웁지비."

어려워서 방문도 임의로 열지 않는다는 그러한 자세로 천수는 허리를 구부리고 방문 밖에서 고을댁의 방문이 열리기를 기다리고 있었다. 고을댁은 밤새껏 울고 났건만 눈은 거의 부어 있지 않았다. 살집이 여물어서 웬만한 볕에 끄은다거나 하지도 않거니와 그토록 울고 났어도 눈가죽이 부풀거나 하지 않았다.

"아즈만님은 늙지 않으셨오꾸마. 우리 내외는 이렇게 늙어서 허리가 꼬부라졌는데."

방문객들은 고을댁의 신랑이 죽기 한 달 전에 혼례를 치른 사람들이었다. 그들은 아들 형제에 딸 사형제를 두었는데 한결같이 살 만들 하다고 자랑을 남기고 돌아갔다.

그들 내외를 배웅하고 돌아온 천수는,

"에구우 부끄럽지두 않던가. 그 아즈바이네하구 인사르 하구 이야기르 하더라잉. 남편이 죽었는데 수절은 고사하구 뙤놈의 땅에꺼지 가서 ××를 팔고 온 노덕네 입에두 말이 있더라잉, 쩟쩟."

천수는 고을댁의 방문을 열고는 한동안 고을댁은 기가 찬다는 눈으로 흘려보다가, 꽝 하고 살문을 닫아붙였다.

"참아야지, 저게 내 아들이 아잉가, 저게, 바루 바루 고을댁의 아들이지. 고을댁에게는 저런 아들이 있다잉. 저래두 없는 것보다야 낫지비. 굶게 돼서, 굶어죽게 돼서, 앙이지 굶어죽을 수가 없어서 천수는 에미를 찾아 만주로 떠났다고 하던데, 기특한 일이지, 기특한 일이고말고. 누구라도 죽을 수야 없는 노릇이 앙이가? 나처럼, 그렇지 나처럼 그렇지 나처럼."

고을댁은 큰댁 조카며느리로부터 천수가 자기를 찾아 떠나게 된 동기를 이미 들어서 알고 있었다. 굶게 되자 빚을 얻어 옥양목을 끊어다가 새옷 일습*을 지어 입고 갓도 새로 장만해 쓰고 고을댁을 찾아 만주로 떠났다고 조카며느리는 머리를 살살 내저으며, 시아우의 사람됨을 일러바쳤던 것이다.

"아즈만님이 부자르 살으신다구 여기서는 소문이 자자했읍지비. 그래서 아즈만님을 찾아 천수 생원(도련님)이 만주땅으루 떠날 적에 궁

---

* 일습(一襲) 옷, 그릇, 기구 따위의 한 벌.

리 가난이 마감이라는데 내가 궁리를 잘한 덕에 가난으 면할 것도 같다면서 두고보라구 했읍지비. 그래두 간대루사(설마) 아즈만님이 거기르 버리구 이렇게 오실 줄은 정말 몰랐오꼬마, 우리 집(천수의 형)에서는 생원으 보구 미친뇜이라구꺼지 하쟨있읍능가. 그런데 아즈만님이 오셨읍더꼬마. 아즈만님, 두구보시믄 알겠읍지만 미시레 오시겠읍능가, 내 재산으 가지구 거기서 두 분이 참다랗게 사셨다는데."

조카며느리는 천수네에게 고을댁이 넘겨주었다는 재산이 샘이 나는지도 몰랐다. 아니면 천수의 사람 같기도 하고 그림자 같기도 한 부실한 성격이 진심으로 못미더워서 그렇게 일러바치고 험담을 하는 것인지도 알 수 없었다.

"나는 후회를 하지 않네. 내가 살믄 몇십 년을 더 살겠능가, 몇 해르 밥이믄 밥, 죽이믄 죽, 물이믄 물, 이렇게 주는 대루 먹구 마시구 하누라는 모진 목숨이 죽어지겠지비. 죽고 난 뒤엔, 그분하고 함께 묻히겠네. 그게 내 소원이라네. 그렇게 묻힐 거 생각하믄 운백이 애비가 무슨 소리를 하거나 말거나 나는 타내지 않으리라, 모질게 마음을 다지구 있지비."

고을댁은 이런 식으로 조카며느리의 입을 막아야 했다. 자신의 말도 진심이었으나, 조카며느리의 입이 무섭게 느껴지는 것도 사실이었다. 죽는 날이 영영 자기에게 차례지지 않는다고 한다면 고을댁은 이미 거지 노릇을 하면서라도 영감을 찾아 떠나갔을지도 몰랐다.

아니 죽는 날이 영영 자신의 차지가 되지 않는다고 하더라도 영감을 찾아 다시 만주로 돌아갈 수는 없는 노릇이라고도 고을댁은 생각했다. 언젠가는 있을 법도 한 판가름이 나는 날을 고을댁은 기다려 볼 참이었다. 담뱃대를 화로에 묻고 불을 붙이니 가랍나무 타는 냄새가 가슴 안으로 흘러 들었다.

"담배는 화냥년 시절에나 피우는 게지, 점잖은 집안에서 여자가 담뱃

조 이삭

대를 물다어.”

천수의 입에서는 욕지거리가 멎어지는 날이 없었다.

“할마이가 망녕이지, 망녕이 앙이라 미쳤지, 미친 게지. 사십여 년을 살을 맞대고 살아온 영감을 그렇게 헌신짝 쓸어 버리듯 하루 아침에 훌훌 집어던지구 떠나가다잉. 어디로 간단 말이요, 아들이랍시고 하지만 그 사름이 도깨비 아들이 앙이믄 도리깨 아들이지, 앙이 그래 무슨 효심이 뒤늦게 발동해서 그래 할마이, 당신으 찾아왔겠소. 할마이 잘 생각해 봐요, 내사 할마이가 불쌍해서 붙잡는 게지. 할마이같이 오십 평생으 함께 살던 남편으 버리구, 재산으 악착같이 긁어가는 모진 예펜네는 세상에는 또 없으리다만 할마이가 그렇게 하겠다잉 오줌물에 데죽고 냉수에 이빨이 부러진다는 소리하구 같은 소리라, 잘 생각으 해서 결정을 하우. 내사 할마이가 꼭 가야 한다믄 논밭도 팔고 집간도 팔구 다 팔아서 할마이 소원대로 해주겠지만, 할마이를 위해서 제발 빌겠소, 할마이 가지 말아요.”

핏발이 선 눈에 눈물을 글썽이며 고을댁의 손을 꼭 잡고 놓아 주지 않던 송 영감은 어찌 된 셈인가, 밤마다 고을댁의 꿈길에 나타나서 그녀의 손목을 잡고 놓아 주지 않았다.

“영감, 그 나이에, 다시는 내 꿈길으 찾지 말아 주시웁지. 어느 날이 되겠읍능가? 그 날이 올 때꺼지 나는 살아 있을께우꼬마, 한명이 다 하기 전에 목숨으 잃으믄 죽어서 귀신청에두 못 가구 신랑 무덤에도 묻히지 못한다 하웁더구마. 내 목숨이 질긴 까닭은 이 때문이우꼬마, 어드메선가 영감도 영감의 댁네를 죽어가서 만나게 될께우꼬마. 영감, 영감 갓집에 있는 영심환이 어떤 때는 그렇게 아쉬울 수가 없오 꼬마는, 영심환이 어찌 죄선땅엔들 없겠읍능가. 영감, 나는 이렇게 영감을 자주 불러서는 앙이 되는 몸이우꼬마, 아들 천수가 나를 나무리는 것두 내가 부정한 데 까닭이 있다구 하웁더꼬마. 영감 내가 당

신으 따라 새까만 밤냇물으 건너갈 적에 나는 그 물에 풍당 빠져죽고 싶었는데 그렇게 물귀신이 될 수는 없어서 참았읍지비. 허리를 밧줄로 묶고 삼베치마를 쓰고 냇물을 건널 적에도 나는 그렇게 죽고 싶었는데 물살이 나를 떠밀어가지 않습더꼬마. 영감 오늘 밤 꿈에는 제발 오시지 마웁지비. 내가 부정으 타잉 아들의 구박이 마땅한 게 앙이겠읍능가. 어디메선가, 나르 어디로든가 이끌어가는 손이 한시바삐 나타나 주기만을 나는 빌구 있오꼬마. 영감 갈가마귀 우는 소리는 앙이 들었더믄 좋았겠읍지? 내가 갈가마귀같이 고향으 찾아 그 곳으 떠나온 것은 역시 잘한 일이 앙이웁능가? 나는 그 사이 폭삭 늙어서 옛날같이 이저는 먼길으 걸어갈 수도 없오꼬마. 고무신도 무겁소꼬마, 총신이 좋을 것도 갔오꼬마는 발가락도 아프고 해서……."

고을댁이 담뱃대를 물고, 풀석댈 때마다, 그녀의 입에서는 밑도 끝도 없는 말들이 잇달아 쏟아져 나와서 끝날 줄을 몰랐다.

부록

작가와 작품 스터디

● 박화성 (1904~1988. 호는 소영)

전라 남도 목포에서 태어났으며, 본명은 경순이다. 1924년 〈학생계〉에 시 〈백합화〉를 발표하고, 이듬해에 이광수의 추천을 받아 〈조선 문단〉에 단편 〈추석 전야〉가 실려 문단에 나왔다. 주요 작품에는 〈하수도 공사〉, 〈홍수 전후〉, 〈고향 없는 사람들〉 등이 있으며, 긴장감 있는 문체로 현실을 꿰뚫어보는 글을 많이 썼다.

● 최정희 (1906~1990. 호는 담인)

함경 북도 성진에서 태어났다. 1931년 〈삼천리〉에 〈정당한 스파이〉가 실리면서 문단에 나왔으며, 이후 많은 순수 소설을 발표하였다. 주요 작품에는 〈명일의 식대〉, 〈성좌〉, 〈지맥〉, 〈인맥〉, 〈천맥〉, 〈풍류잡히는 마을〉 등이 있으며, 여성 특유의 감각으로 심리 묘사에 뛰어난 글을 썼다.

● 손소희 (1917~1987)

함경 북도 경성에서 태어났다. 1946년 〈백민〉에 단편 〈맥에의 몌별〉을 발표하여 문단에 나왔으며, 이후 여성의 내면 세계를 섬세한 필치로 그려낸 작품을 많이 썼다. 후기에는 세태를 반영하거나 남성을 풍자한 작품을 발표하기도 했다. 소설집으로 〈창포 필 무렵〉, 〈그 날의 햇빛은〉, 〈그 우기의 해와 달〉 등이 있다.

● **하수도 공사**   실업자 구제를 위한 하수도 공사장에서 일하는 일꾼들은 벌써 몇 달째 임금을 받지 못하고 있다. 굶주림에 허덕이던 이들은 결국 동맹 파업을 감행하게 되고, 청년 동권은 노동자들의 대표로 뽑혀 사건의 해결을 돕는다. 일 년 만에 하수도 공사가 끝났을 때, 동권은 자신들의 피땀을 알아 줄 이는 아무도 없으리라는 것을 깨닫는다. 그는 사랑하는 여성 용희에게 스스로 모든 장애를 개척하는 여성이 될 것을 당부하는 편지를 남기고는 결혼보다도 더욱 절박한 문제에 떠밀려 어디론가 떠난다.

● **지맥**   '나'는 동경 M대학에 다니던 명랑한 문학 소녀였다. 그런 '내'가 죽은 남편 홍민규를 만나게 되면서부터 문학보다는 정치와 사회에 더욱 마음이 쏠리게 되었다. '나'는 결국 본처가 있는 홍민규와 동거하여 아이들까지 낳게 되었다. 남편이 죽자, 대학 시절에 알고 지내던 상훈은 '나'에게 결혼을 강요한다. 상훈과의 재회로 선택의 기로에서 고심하던 '나'는 결국 상훈으로부터 멀리 떠나기 위해 해주의 일터로 향한다.

● **그 날의 햇빛은**   뇌병원의 의사인 '나'는 수녀 생활을 하다가 입원한 에스더(진희)라는 환자가 쓴 두 편의 수기를 읽게 된다. 진희는 주인집의 맏아들인 유현과 약혼한 사이였다. 그러나 유현이 유학간 사이, 자석에 끌리듯 임철이라는 청년에게 끌리고, 두 사람은 자살을 꾀했으나 실패로 돌아가고 만다. 햇빛이 찬연한 어느 날, 진희는 죽기 위해 바닷물 속에 뛰어들지만 구출되어 목숨을 건지고, 그녀를 구하려던 유현은 익사한다.

● **갈가마귀 그 소리**   정혼자가 죽자 처녀청상이 되고 만 고을댁은, 홀아비 송씨를 따라 만주로 도망쳤다. 사십 년 뒤 고을댁의 재산을 탐낸 양아들이 그녀를 찾아와 귀향할 것을 권하자, 그녀는 죽은 뒤 남편과 함께 묻히기 위해, 만류하는 송 영감을 뿌리치고 고향으로 향한다.

논술 가이드

〈하수도 공사〉의 한 대목입니다. 제시문을 읽고 다음 문제에 답하시오.

[문항 1]

> "나도 같이 일하러 가지. 희순이도 시집으로 가면서 우린 언제든지 오빠가
> 하는 일에는 무조건 협력하자고 내 손을 잡고 그러든데."
> "그렇게 일이란 쉽게 되는 게 아니야. 지금 내게는 한가한 결혼 문제보다
> 도 더 절박한 문제가 있거든."
> 동권은 다시 용희의 손을 잡았다. 그리고 그에게 좀더 다가앉았다.
> "난 용흴 애인보다도 한 동지로 생각하기 때문에 조금도 서로 떨어져 있고
> 싶지 않아. 그렇지만 정세가 허락하지 않는 데야 어쩌겠어. 만일 용희가 날
> 끝까지 사랑한다면 용희 스스로 자신을 개척할 수 있으리라고 생각하는
> 데. 그렇지 않아? 용희!"

(1) 윗글에서 동권이 말하는 '한가한 결혼 문제보다도 더 절박한 문제'란 무
엇을 뜻할까요? 글 전체의 내용을 통해 파악해 봅시다.

----

(2) 이 작품에서 목포항의 하수도 공사장에서 벌어지는 일을 소재로 하여 작
가가 드러내고자 한 바가 무엇이었는지 생각해 봅시다.

〈지맥〉의 두 대목입니다. 제시문을 읽고 다음 문제에 답하시오.

[문항 2]

> (전략) 서울 안에 있는 사립학교란 학교는 죄다 돌아다니며 사정을 이야기하고 입학을 애원했으나 아무 데서도 내 소원을 들어주지 않았다.
> '사생아를 애호하자. 사생아를 구출하자.'
> 부모들의 비합법적 결합의 죄과(?)가 그 자식에게 미치게 되어 있는 것은 그릇된 법이라는 논의가 분분하나, 그것은 한 개의 공론으로 흘러가고 수없이 많은 사생아는 어느 날이나 이 거리 저 거리에 물에 기름처럼 저대로 떠돌아야 하니 이 책임은 과연 누가 지어야 할 것인가.

> 해주에 가서도 아이들은 곧 해주 성모학교에 전학할 수 있었고 또 다른 직업보다 가장 내 마음에 드는 폐병환자의 친구가 되어 주는 보람 있는 직업이 좋았고 또 신부님의 친구인 요양원 원장은 사람이 좋아서 마음이나 육신이나 병들어 괴로운 사람이면 누구나 고쳐 주기에 노력한다는 신부님의 말씀을 믿었기 때문이었다.

(1) 첫번째 글에는 사회 제도로 인한 '나'의 고통이 잘 드러나 있습니다. 자료를 통해 호주제에 대해 조사하고, 이에 대한 자신의 생각을 논술해 봅시다.

----

(2) 해주로 떠나는 '나'의 행동은 '죽은 남편에 대한 절개', '욕구의 억압과 도피', '삶의 개척' 등 다양하게 해석될 수 있습니다. 작품에 드러난 '나'의 심리 서술을 토대로 하여 그녀의 행동이 시사하는 바가 무엇인지 짐작해 봅시다.

〈그 날의 햇빛은〉의 한 대목입니다. 제시문을 읽고 다음 문제에 답하시오.

[문항 3]

> 그가 돌아온 다음 날 저녁입니다. 그가 나를 부른다고 했습니다. 고무신 끄는 소리를 잘잘 내며 유현 씨의 서재로 걸어갔습니다. 새삼스레 불이 켜지기를 바라서가 아니라 스스로 자기의 생명에 대한 모순을 확인하고 싶었던 것입니다. (중략)
>
> 나는 유현 씨의 가정부의 딸입니다. 절대로 그것을 잊어버리지 않을 작정입니다. 또한 유현 씨를 배반할 생각도 의사도 없었습니다. 다만 죽음에 대한 유혹, 그 자체는 불가피적인 것이라는 생각을 하며 벽을 더듬어 스위치를 눌렀습니다.

(1) 이 작품에서 주인공 진희는 끊임없이 '죽음'을 갈구하고 있습니다. 그녀가 죽음을 원하는 이유를 수기 속의 내적 고백이 담긴 부분들을 근거로 하여 적어 봅시다.

----

(2) 진희의 수기는 사고의 흐름에 따라 뒤얽힌 시간순으로 전개되어 있습니다. 자신이 이해한 내용을 토대로 하여 시간의 순서에 맞게 작품의 줄거리를 요약해 봅시다.

〈갈가마귀 그 소리〉의 두 대목입니다. 제시문을 읽고 다음 문제에 답하시오.
[문항 4]

> 그 밤에 자기들을 은밀히 보내 주던 시댁 어른들도 이미 황천객이 되어 있다지 않는가. 비록 육례는 갖추지 못했을망정 자기는 지씨 집안에서 동호의 미망인으로 삼년상을 치른, 떳떳한 동호의 아내였다. 다시 동호의 아내가 되기 위해 그와 함께, 같은 무덤에 묻힐 그것만을 소망으로 지금 냇물을 고을댁은 건너가고 있었다.

> 손을 빼치려고 앙탈을 한다는데 또 어찌된 셈인지 반대로 영감의 손을 자기가 꼭 잡아쥐고 놓지 않는다는 것이었다. 때마침 아하하핫 아하핫 하는 갈가마귀 울음소리가 하늘에서 들려온다는 것이었다. 갈가마귀는 더운 지방인 고향땅을 향해 날아간다는 것이었다.
> "가겠오꼬마, 가야 하겠오꼬마, 아들이 와 있쟁이옵능가. 나르 데레가자고 와있오꼬마."

(1) 위의 첫번째 글에는 고을댁이 사십여 년 만에 고향을 찾은 이유가 나타나 있습니다. 이러한 그녀의 행동에 대해 옹호하거나 반박하는 입장에 서서, 자신의 생각을 타당한 근거를 들어 설득력 있게 주장해 봅시다.

----

(2) 작품 속에서 고을댁은 갈가마귀가 '사람의 심정을 후벼파는 소리로 운다'고 말했습니다. 위의 두 번째 글을 참고하여 작품 전체에서 갈가마귀가 상징하는 바가 무엇인지 생각해 봅시다.

〈베스트논술 한국대표문학〉(전60권) 목록

권별	작품	작가
1	무정 I	이광수
2	무정 II	이광수
3	무명 · 꿈 · 옥수수 · 할멈	이광수
4	감자 · 시골 황 서방 · 광화사 · 붉은 산 · 김연실전 외	김동인
5	발가락이 닮았다 · 왕부의 낙조 · 전제자 · 명문 외	김동인
6	배따라기 · 약한 자의 슬픔 · 광염 소나타 외	김동인
7	B사감과 러브레터 · 서투른 도적 · 술 권하는 사회 · 빈처 외	현진건
8	운수 좋은 날 · 까막잡기 · 연애의 청산 · 정조와 약가 외	현진건
9	벙어리 삼룡이 · 뽕 · 젊은이의 시절 · 행랑 자식 외	나도향
10	물레방아 · 꿈 · 계집 하인 · 별을 안거든 우지나 말 걸 외	나도향
11	상록수 I	심훈
12	상록수 II	심훈
13	탈춤 · 황공의 최후 / 적빈 · 꺼래이 · 혼명에서 외	심훈 / 백신애
14	태평 천하	채만식
15	레디메이드 인생 · 순공 있는 일요일 · 쑥국새 외	채만식
16	명일 · 미스터 방 · 민족의 죄인 · 병이 낫거든 외	채만식
17	동백꽃 · 산골 나그네 · 노다지 · 총각과 맹꽁이 외	김유정
18	금 따는 콩밭 · 봄봄 · 따라지 · 소낙비 · 만무방 외	김유정
19	백치 아다다 · 마부 · 병풍에 그린 닭이 · 신기루 외	계용묵
20	표본실의 청개구리 · 두 파산 · 이사 외 / 모범 경작생	염상섭 / 박영준
21	탈출기 · 홍염 · 고국 · 그믐밤 · 폭군 · 박돌의 죽음 외	최서해
22	메밀꽃 필 무렵 · 낙엽기 · 돈 · 석류 · 들 · 수탉 외	이효석
23	분녀 · 개살구 · 산 · 오리온과 능금 · 가을과 산양 외	이효석
24	무녀도 · 역마 · 까치 소리 · 화랑의 후예 · 등신불 외	김동리
25	하수도 공사 / 지맥 / 그 날의 햇빛은 · 갈가마귀 그 소리	박화성 / 최정희 / 손소희
26	지하촌 · 소금 · 원고료 이백 원 외 / 경희	강경애 / 나혜석
27	제3인간형 / 제일과 제일장 외 / 사랑 손님과 어머니 외	안수길 / 이무영 / 주요섭
28	날개 · 오감도 · 지주 회시 · 환시기 · 실화 · 권태 외	이상
29	봉별기 · 종생기 · 조춘점묘 · 지도의 암실 · 추등잡필	이상
30	화수분 외 / 김 강사와 T교수 · 창랑 정기 / 성황당	전영택 / 유진오 / 정비석

권별	작품	작가
31	민촌 / 해방 전후 · 달밤 외 / 과도기 · 강아지	이기영 / 이태준 / 한설야
32	소설가 구보씨의 일일 / 장삼이사 · 비오는 길 / 석공 조합 대표 / 낙동강 · 농촌 사람들 · 저기압	박태원 / 최명익 송영 / 조명희
33	모래톱 이야기 · 사하촌 외 / 갯마을 / 혈맥 / 전황당인보기	김정한 / 오영수 / 김영수 / 정한숙
34	바비도 외 / 요한 시집 / 젊은 느티나무 외 / 실비명 외	김성한 / 장용학 / 강신재 / 김이석
35	잉여 인간 / 불꽃 / 꺼삐딴 리 · 사수 / 연기된 재판	손창섭 / 선우휘 / 전광용 / 유주현
36	탈향 외 / 수난 이대 외 / 유예 / 오발탄 외 / 4월의 끝	이호철/ 하근찬/ 오상원/ 이범선/ 한수산
37	총독의 소리 / 유형의 땅 / 세례 요한의 돌	최인훈 / 조정래 / 정을병
38	어둠의 혼 / 개미귀신 / 무진 기행 · 서울 1964년 겨울 외	김원일 / 이외수 / 김승옥
39	뫼비우스의 띠 / 악령 / 식구 관촌 수필 / 기억 속의 들꽃 / 젊은 날의 초상	조세희 / 김주영 / 박범신 이문구 / 윤흥길 / 이문열
40	김소월 시집	김소월
41	윤동주 시집	윤동주
42	한용운 시집	한용운
43	한국 고전 시가와 수필	유리왕 외
44	한국 대표 수필선	김진섭 외
45	한국 대표 시조선	이규보 외
46	한국 대표 시선	최남선 외
47	혈의 누 · 모란봉	이인직
48	귀의 성	이인직
49	금수 회의록 · 공진회 / 추월색	안국선 / 최찬식
50	자유종 · 구마검 / 애국부인전 / 꿈하늘	이해조 / 장지연 / 신채호
51	삼국유사	일연
52	금오신화 / 홍길동전 / 임진록	김시습 / 허균 / 작자 미상
53	인현왕후전 / 계축일기	작자 미상
54	난중일기	이순신
55	흥부전 / 장화홍련전 / 토끼전 / 배비장전	작자 미상
56	춘향전 / 심청전 / 박씨전	작자 미상
57	구운몽 · 사씨 남정기	김만중
58	한중록	혜경궁 홍씨
59	열하일기	박지원
60	목민심서	정약용

〈베스트 논술 한국대표문학〉에 실린 소설과 교과서 대조표

* 〈베스트 논술 한국대표문학〉에 실린 소설과 현행 국어·문학 18종 교과서의 수록 내용을 비교·분석하였다.

● 초등 학교 교과서(국어)

금오신화, 구운몽, 심청전,
흥부전, 토끼전, 박씨전,
장화홍련전, 홍길동전

● 국정 교과서

작품	작가	교과목
고향	현진건	고등 학교 문법
동백꽃	김유정	중학교 국어 2-1, 중학교 국어 3-1
벙어리 삼룡이	나도향	중학교 국어 1-1
봄봄	김유정	고등 학교 국어(상)
사랑 손님과 어머니	주요섭	중학교 국어 2-1
오발탄	이범선	중학교 국어 3-1
운수 좋은 날	현진건	중학교 국어 3-1

● 고등 학교 문학 교과서

작품	작품	출판사
감자	김동인	교학, 지학, 디딤돌, 상문
갯마을	오영수	문원, 형설
고향	현진건	두산, 지학, 청문, 중앙, 교학, 문원, 민중, 블랙, 디딤돌
관촌 수필	이문구	지학, 문원, 블랙
광염 소나타	김동인	천재, 태성

금 따는 콩밭	김유정	중앙
금수회의록	안국선	지학, 문원, 블랙, 교학, 대한, 태성, 청문, 디딤돌
김 강사와 T교수	유진오	중앙
까마귀	이태준	민중
꺼삐딴 리	전광용	지학, 중앙, 두산, 블랙, 디딤돌, 천재, 케이스
날개	이상	문원, 교학, 중앙, 민중, 천재, 형설, 청문, 태성, 케이스
논 이야기	채만식	두산, 상문, 중앙, 교학
닳아지는 살들	이호철	천재, 청문
동백꽃	김유정	금성, 두산, 블랙, 교학, 상문, 중앙, 지학, 태성, 형설, 디딤돌, 케이스
두 파산	염상섭	문원, 상문, 천재, 교학
등신불	김동리	중앙, 두산
만무방	김유정	민중, 천재, 두산
메밀꽃 필 무렵	이효석	금성, 상문, 중앙, 교학, 문원, 민중, 블랙, 디딤돌, 지학, 청문, 천재, 케이스
모래톱 이야기	김정한	디딤돌, 교학, 문원
모범경작생	박영준	중앙
뫼비우스의 띠	조세희	두산, 블랙
무녀도	김동리	천재, 지학, 청문, 금성, 문원, 민중, 케이스

작품	작가	출판사
무정	이광수	디딤돌, 금성, 두산, 교학, 한교
무진기행	김승옥	두산, 천재, 태성, 교학, 문원, 민중, 케이스
바비도	김성한	민중, 상문
배따라기	김동인	상문, 형설, 중앙
벙어리 삼룡이	나도향	민중
복덕방	이태준	블랙, 교학
봄봄	김유정	디딤돌, 문원
붉은 산	김동인	중앙
B사감과 러브레터	현진건	교학
사랑 손님과 어머니	주요섭	중앙, 디딤돌, 민중, 상문
사수	전광용	두산
사하촌	김정한	중앙, 문원, 민중
산	이효석	문원, 형설
서울, 1964년 겨울	김승옥	문원, 블랙, 천재, 교학, 지학, 중앙
성황당	정비석	형설
소설가 구보씨의 일일	박태원	중앙, 천재, 교학, 대한, 형설, 문원, 민중
수난 이대	하근찬	교학, 지학, 중앙, 문원, 민중, 디딤돌, 케이스
애국부인전	장지연	지학, 한교
어둠의 혼	김원일	천재
역마	김동리	교학, 두산, 천재, 태성, 형설, 상문, 디딤돌

역사	김승옥	중앙
오발탄	이범선	교학, 중앙, 금성, 두산
요한 시집	장용학	교학
운수 좋은 날	현진건	금성, 문원, 천재, 지학, 민중, 두산, 디딤돌, 케이스
유예	오상원	블랙, 천재, 중앙, 교학, 디딤돌, 민중
자유종	이해조	지학, 한교
장삼이사	최명익	천재
전황당인보기	정한숙	중앙
젊은 날의 초상	이문열	지학
젊은 느티나무	강신재	블랙, 중앙, 문원, 상문
제일과 제일장	이무영	중앙
치숙	채만식	문원, 청문, 중앙, 민중, 상문, 케이스
탈출기	최서해	형설, 두산, 민중
탈향	이호철	케이스
태평 천하	채만식	지학, 금성, 블랙, 교학, 형설, 태성, 디딤돌
표본실의 청개구리	염상섭	금성
학마을 사람들	이범선	민중
할머니의 죽음	현진건	중앙
해방 전후	이태준	천재
혈의 누	이인직	천재, 금성, 민중, 교학, 태성, 청문
홍염	최서해	상문, 지학, 금성, 두산, 케이스
화수분	전영택	태성, 중앙, 디딤돌, 블랙

〈베스트 논술 한국대표문학〉에 실린 시와 교과서 대조표

* 〈베스트 논술 한국대표문학〉에 실린 시와 현행 국어 · 문학 18종 교과서의 수록 내용을 비교 · 분석하였다.

작품	작가	출판사
가는 길	김소월	지학, 블랙, 민중
가을의 기도	김현승	블랙
겨울 바다	김남조	지학
고향	백석	형설
국경의 밤	김동환	지학, 천재, 금성, 블랙, 태성
국화 옆에서	서정주	민중
귀천	천상병	지학, 디딤돌
귀촉도	서정주	지학
그 날이 오면	심훈	지학, 블랙, 교학, 중앙
그대들 돌아오시니	정지용	두산
그 먼 나라를 알으십니까	신석정	교학, 대한
껍데기는 가라	신동엽	지학, 천재, 금성, 블랙, 교학, 한교, 상문, 형설, 청문
꽃	김춘수	금성, 문원, 교학, 중앙, 형설
끝없는 강물이 흐르네	김영랑	디딤, 교학
나그네	박목월	천재, 블랙, 중앙, 한교
나룻배와 행인	한용운	문원, 블랙, 대한, 형설
남신의주 유동 박시봉방	백석	지학, 두산, 상문

작품	작가	출판사
남으로 창을 내겠소	김상용	지학, 한교, 상문
내 마음은	김동명	중앙, 상문
내 마음을 아실 이	김영랑	한교
농무	신경림	지학, 디딤, 금성, 블랙, 교학, 형설, 청문
누가 하늘을 보았다 하는가	신동엽	두산
눈길	고은	문원
님의 침묵	한용운	지학, 천재, 두산, 교학, 민중, 한교, 태성, 디딤돌
떠나가는 배	박용철	지학, 한교
머슴 대길이	고은	디딤돌, 천재
먼 후일	김소월	청문
모란이 피기까지는	김영랑	지학, 천재, 금성, 형설
목계 장터	신경림	문원, 한교, 청문
목마와 숙녀	박인환	민중
바다와 나비	김기림	금성, 블랙, 한교, 대한, 형설
바위	유치환	금성, 문원, 중앙, 한교
별 헤는 밤	윤동주	문원, 민중
봄은 간다	김억	한교, 교학
봄은 고양이로다	이장희	블랙

작품	작가	출판사
불놀이	주요한	금성, 형설
빼앗긴 들에도 봄은 오는가	이상화	지학, 천재, 문원, 블랙, 디딤돌, 중앙
산 너머 남촌에는	김동환	천재, 블랙, 민중
산유화	김소월	두산, 민중
살아 있는 것이 있다면	박인환	대한, 교학
살아 있는 날은	이해인	교학
생명의 서	유치환	한교, 대한
샤갈의 마을에 내리는 눈	김춘수	지학, 블랙, 태성
서시	윤동주	디딤돌, 민중
설일	김남조	교학
성묘	고은	교학
성북동 비둘기	김광섭	지학
쉽게 씌어진 시	윤동주	지학, 디딤돌, 중앙
승무	조지훈	지학, 디딤돌, 금성
알 수 없어요	한용운	중앙, 대한
어서 너는 오너라	박두진	디딤돌, 금성, 한교, 교학
오감도	이상	디딤돌, 대한
와사등	김광균	민중
우리가 물이 되어	강은교	지학, 문원, 교학, 형설, 청문, 디딤돌
우리 오빠의 화로	임화	디딤돌, 대한
울음이 타는 가을 강	박재삼	지학, 교학
자수	허영자	교학

작품	작가	출판사
자화상	노천명	민중
절정	이육사	지학, 천재, 금성, 두산, 문원, 블랙, 교학, 태성, 청문, 디딤돌
접동새	김소월	교학, 한교
조그만 사랑 노래	황동규	문원, 중앙
즐거운 편지	황동규	지학, 형설, 청문
진달래꽃	김소월	천재, 태성
청노루	박목월	지학, 문원, 상문
초토의 시 8	구상	지학, 천재, 두산, 상문, 태성
초혼	김소월	디딤돌, 금성, 문원
타는 목마름으로	김지하	디딤돌, 금성, 문원, 민중
풀	김수영	지학, 금성, 민중, 한교, 태성
프란츠 카프카	오규원	천재, 태성
피아노	전봉건	태성
해	박두진	두산, 블랙, 민중, 형설
해에게서 소년에게	최남선	지학, 천재, 금성, 두산, 문원, 민중, 한교, 대한, 형설, 태성, 청문, 디딤돌
향수	정지용	지학, 문원, 블랙, 교학, 한교, 상문, 청문, 디딤돌

〈베스트 논술 한국대표문학〉에 실린 시조와 교과서 대조표

* 〈베스트 논술 한국대표문학〉에 실린 시조와 현행 국어·문학 18종 교과서의 수록 내용을 비교·분석하였다.

작품	작가	출판사
가노라 삼각산아	김상헌	교학, 형설
가마귀 눈비 맞아	백팽년	교학
가마귀 싸우는 골에	정몽주 어머니	교학
강호 사시가	맹사성	디딤돌, 두산, 교학
고산구곡	이이	한교
공명을 즐겨 마라	김삼현	지학
구름이 무심탄 말이	이존오	천재
국화야 너난 어이	이정보	블랙
녹초 청강상에	서익	지학
농암가	이현보	민중
뉘라서 가마귀를	박효관	교학
님 그린 상사몽이	박효관	천재
대추볼 붉은 골에	황희	중앙
도산 십이곡	이황	디딤돌, 블랙, 민중, 형설, 태성
동짓달 기나긴 밤을	황진이	지학, 천재, 금성, 두산, 문원, 교학, 상문, 대한
마음이 어린후니	서경덕	지학, 금성, 블랙, 한교
말없는 청산이요	성혼	지학, 천재
방안에 혔는 촉불	이개	천재, 금성, 교학
백구야 말 물어보자	김천택	지학
백설이 자자진 골에	이색	지학
삭풍은 나무끝에	김종서	중앙, 형설
산촌에 눈이 오니	신흠	지학

작품	작가	출판사
삼동에 베옷 닙고	조식	지학, 형설
산인교 나린 물이	정도전	천재
수양산 바라보며	성삼문	천재, 교학
십년을 경영하여	송순	지학, 금성, 블랙, 중앙, 한교, 상문, 대한, 형설
어리고 성긴 매화	안민영	형설
어부사시사	윤선도	금성, 문원, 민중, 상문, 대한, 형설, 청문
오리의 짧은 다리	김구	청문
오백년 도읍지를	길재	블랙, 청문
오우가	윤선도	형설
이몸이 죽어가서	성삼문	지학, 두산, 민중, 대한, 형설
이시렴 부디 갈다	성종	지학
이화에 월백하고	이조년	디딤돌, 천재, 두산
이화우 흣뿌릴 제	계랑	한교
재너머 성권농 집에	정철	천재, 형설
천만리 머나먼 길에	왕방연	문원, 블랙
청산리 벽계수야	황진이	지학
추강에 밤이 드니	월산대군	천재, 금성, 민중
춘산에 눈녹인 바람	우탁	디딤돌
풍상이 섞어 친 날에	송순	지학, 청문
한손에 막대 잡고	우탁	금성
훈민가	정철	지학, 금성
흥망이 유수하니	원천석	천재, 중앙, 한교, 디딤돌, 대한

〈베스트 논술 한국대표문학〉에 실린 수필과 교과서 대조표

* 〈베스트 논술 한국대표문학〉에 실린 수필과 현행 국어 · 문학 18종 교과서의 수록 내용을 비교 · 분석하였다.

작품	작가	출판사
가난한 날의 행복	김소운	천재
가람 일기	이병기	지학
구두	계용묵	디딤돌, 문원, 상문, 대한
그믐달	나도향	블랙, 태성
꼴찌에게 보내는 갈채	박완서	태성
나무	이양하	상문
나무의 위의	이양하	문원, 태성
낭객의 신년 만필	신채호	두산, 블랙, 한교
딸깍발이	이희승	지학, 디딤돌, 청문
멋없는 세상 멋있는 사람	김태길	중앙
무궁화	이양하	디딤돌
백설부	김진섭	지학, 천재, 형설, 태성, 청문
생활인의 철학	김진섭	지학, 태성
수필	피천득	지학, 천재, 한교, 태성, 청문
수학이 모르는 지혜	김형석	청문
슬픔에 관하여	유달영	문원, 중앙
웃음설	양주동	교학, 태성
은전 한 닢	피천득	금성, 대한
이야기	피천득	지학, 청문
인생의 묘미	김소운	지학
지조론	조지훈	블랙, 한교
청춘 예찬	민태원	금성, 블랙
특급품	김소운	교학
폭포와 분수	이어령	지학, 블랙
피딴 문답	김소운	디딤돌, 금성, 한교
행복의 메타포	안병욱	교학
헐려 짓는 광화문	설의식	두산

베스트 논술 한국대표문학 ㉕

하수도 공사 · 지맥 외

지은이 박화성 / 최정희 / 손소희
펴낸이 류성관
펴낸곳 SR&B(새로본닷컴)
주 소 서울특별시 마포구 망원동 463-2번지
전 화 02)333-5413
팩 스 02)333-5418
등 록 제10-2307호
인 쇄 만리 인쇄사